T0208514

essentials

essentials liefern aktuelles Wissen in konzentrierter Form. Die Essenz dessen, worauf es als „State-of-the-Art" in der gegenwärtigen Fachdiskussion oder in der Praxis ankommt. *essentials* informieren schnell, unkompliziert und verständlich

- als Einführung in ein aktuelles Thema aus Ihrem Fachgebiet
- als Einstieg in ein für Sie noch unbekanntes Themenfeld
- als Einblick, um zum Thema mitreden zu können

Die Bücher in elektronischer und gedruckter Form bringen das Expertenwissen von Springer-Fachautoren kompakt zur Darstellung. Sie sind besonders für die Nutzung als eBook auf Tablet-PCs, eBook-Readern und Smartphones geeignet. *essentials:* Wissensbausteine aus den Wirtschafts, Sozial- und Geisteswissenschaften, aus Technik und Naturwissenschaften sowie aus Medizin, Psychologie und Gesundheitsberufen. Von renommierten Autoren aller Springer-Verlagsmarken.

Weitere Bände in der Reihe http://www.springer.com/series/13088

Beate Kanisch

LebensErfolg

Wie Sie das Leben führen, das zu Ihnen passt

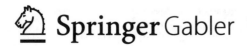

Beate Kanisch
Althengstett, Deutschland

ISSN 2197-6708   ISSN 2197-6716   (electronic)
essentials
ISBN 978-3-658-24973-1   ISBN 978-3-658-24974-8   (eBook)
https://doi.org/10.1007/978-3-658-24974-8

Die Deutsche Nationalbibliothek verzeichnet diese Publikation in der Deutschen Nationalbibliografie; detaillierte bibliografische Daten sind im Internet über http://dnb.d-nb.de abrufbar.

Springer Gabler

Springer Gabler ist ein Imprint der eingetragenen Gesellschaft Springer Fachmedien Wiesbaden GmbH und ist ein Teil von Springer Nature
Die Anschrift der Gesellschaft ist: Abraham-Lincoln-Str. 46, 65189 Wiesbaden, Germany

Was Sie in diesem *essential* finden können

Worum geht es und um wen geht es?

- Um Sie!
- Wie erreiche ich privaten und beruflichen Erfolg?
- Gibt es Spielregeln für Erfolg?
- Was bedeutet Erfolg für mich?
- Erfolg ist etwas sehr Individuelles, die anderen sind nicht der Maßstab.
- Der Grundsatz lautet: Pflegen Sie wertschätzenden Umgang mit sich selbst!
- Das Leben aktiv in die Hand nehmen – Haben Sie das Ruder für Ihr Leben in der Hand?
- Sind Sie sich Ihrer aktuellen Herausforderungen bewusst?
- Wie können Sie dem Leben sinnstiftende Impulse durch neue Herausforderungen geben?
- LebensSinn – LebensZiele
- Welche Grundhaltung haben Sie?
- Sind Sie ehrlich zu sich selbst? Sie können mit vielem NICHT mehr rechnen: Sicherheit, Rente etc…

Eigenverantwortliches Handeln ist entscheidend für Ihren Erfolg – egal, in welchem Bereich.

Über die Kunst, den eigenen Weg zu finden – und den Mut, ihn zu gehen. Lassen Sie sich inspirieren und ermutigen, wie Sie mit kleinen Änderungen große Veränderungen erreichen können.
Was Sie dazu brauchen? Lust auf Umsetzung!

Inhaltsverzeichnis

Über die Autorin

Bevor sich Beate Kanisch in ihrer Profession als Personal- und Organisations-
entwicklerin selbstständig machte, war sie bis Februar 2018 Leiterin der Personal-
und Organisationsentwicklung Mercedes-Benz Vans. Mit Leidenschaft unterstützt
sie Menschen auf ihrem beruflichen und privaten Lebensweg und setzt damit wertvolle Impulse – so auch mit diesem Buch. Mit ihrem Mann lebt sie auf dem Land
in der Nähe von Stuttgart.

Einleitung

1

Bei Befragungen zur Unzufriedenheit sagen die meisten, dass Sie im Job nicht glücklich sind. Die Ursachenforschung ist nicht immer angenehm. Denn welchen Anteil haben wir an unserer Unzufriedenheit? Einen großen Beitrag zu beruflichem Erfolg leisten wir, in dem wir die Voraussetzungen dafür schaffen: Wir wissen, was

Abb. 1.1 Aus dem Buch „5 Dinge, die Sterbende am meisten bereuen" [1]

5 Dinge, die Sterbende am meisten bereuen

❖

Ich wünschte, ich hätte den Mut gehabt, mir selbst treu zu bleiben.

❖

Ich wünschte, ich hätte nicht so viel gearbeitet.

❖

Ich wünschte, ich hätte den Mut gehabt, meine Gefühle auszudrücken.

❖

Ich wünschte, ich hätte den Kontakt zu meinen Freunden gehalten.

❖

Ich wünschte, ich hätte mir mehr Freude gegönnt.

❖

B. Kanisch, *LebensErfolg,* essentials,
https://doi.org/10.1007/978-3-658-24974-8_1

wir wollen und wir sorgen dafür, dass wir uns auf unseren Job konzentrieren können, weil wir „unser Leben im Griff haben" – das ist das Prinzip von LebensErfolg!

Zur Eingangsfrage: Wie erreiche ich privaten und beruflichen Erfolg? Und was
verstehe ich darunter? Die Antworten sind so viele, wie es Menschen auf der Welt
gibt. Denn jeder Mensch hat ganz individuelle Ziele und Prioritäten. Die Frage
ist nur: Machen Sie auch alles, um Ihre Ziele zu erreichen? Entscheidend: und
nicht auf Kosten anderer – ja, das geht! Das heißt, mit wie viel Konsequenz, Disziplin und Ehrgeiz verfolgen Sie Ihre Ziele? Was sind Sie bereit, wo für zu tun?
Was ist Ihnen Ihr Ziel wert? Und ist es wirklich Ihr Ziel? Also gilt es erst einmal
sich darüber klar zu werden: Was verstehen Sie unter Ihrem ganz persönlichen
LebensErfolg? Eine gute Frage dafür ist: Wenn Sie einmal in ganz ferner Zukunft
auf Ihrem Sterbebett liegen, worauf möchten Sie zurückblicken? Worauf möchten
Sie stolz sein? Ein wunderbarer Denkanstoß dazu ist das Buch von Bronnie Ware
„5 Dinge, die Sterbende bereuen". Ich habe es 2013 gelesen und bin dankbar für
diese Anregungen zum Nachdenken. Diese finden Sie hier in der Abb. 1.1.

Und damit Sie am Lebensende diese fünf Sätze NICHT denken oder sagen,
finden Sie hier Impulse, die Sie unterstützen, mit mehr Mut und mehr Freude das
Leben zu leben, das Sie leben möchten.

Ihre persönliche Landkarte

Die Angst steht dem Mut einfach im Weg! Wie die Themen miteinander zusammenhängen, erläutert die Abb. 2.1. Angst lähmt Sie, erzeugt massives Unbehagen vor bestimmten Situationen. Angst entsteht oft durch Unsicherheit und Unwissenheit. Indem Sie sich Transparenz und Klarheit zu einem Thema verschaffen und sich fragen „Was wäre das Schlimmste, was passieren könnte?" Stärken Sie Ihren Mut und öffnen sich Türen zu anderen Menschen, die Ihr Leben bereichern.

Bevor wir auf Mut eingehen, finden Sie anbei das Ergebnis der jährlichen R&V-Studien zum Thema Angst, die 2018 zum 26. Mal durchgeführt wurde. Wovor haben die Menschen am meisten Angst?

Angstindex 2017: So entwickeln sich die Ängste der Deutschen [2]

Top 3 im Jahr 1997
Höhere Arbeitslosigkeit in Deutschland | 67 %
Steigende Lebenshaltungskosten | 60 %
Pflegefall im Alter | 57 %

Top 3 im Jahr 2007
Steigende Lebenshaltungskosten | 66 %
Naturkatastrophen | 59 %
Pflegefall im Alter | 53 %

Top 3 im Jahr 2017
Terrorismus | 71 %
Politischer Extremismus | 62 %
Spannungen durch Zuzug von Ausländern | 61 %

© Springer Fachmedien Wiesbaden GmbH, ein Teil von Springer Nature 2019
B. Kanisch, *LebensErfolg,* essentials,
https://doi.org/10.1007/978-3-658-24974-8_2

Abb. 2.1 Angst vs. Mut, Beate Kanisch

Die ernst zu nehmende Entwicklung der Ängste in den letzten 20 Jahren zeigt, dass die globalen Themen so präsent sind, dass sie die persönlichen Sorgen förmlich „verdrängen". Ich lade Sie ein: Stellen Sie sich Ihren Ängsten. Ein Anfang ist die einfache Frage: Was wäre das Schlimmste, was passieren könnte, wenn Sie etwas anders machen, etwas NEUES wagen? Schöner formuliert: Wann haben Sie das letzte Mal etwas zum ersten Mal getan? Die Frage hat doch etwas verlockendes, Lust auf Neues machendes, oder? Ja, Sie könnten scheitern, sich blamieren, etc… Also ist Gesichts- bzw. Imageverlust sicher ein Grund, warum Sie etwas NICHT tun. Auf der anderen Seite nehmen Sie sich die Chance für eine Erfahrung, an der Sie wachsen können. Sie können ja mit etwas „Kleinem" anfangen, sich und Ihren Mut mal ausprobieren. Und wenn das gelungen ist, sich an etwas „Größeres" heranwagen. Ich bin auch Jahre mit dem Gedanken schwanger gegangen, mich selbstständig zu machen und er musste in mir reifen. Nach 24 Jahren in einem Konzern habe ich mich dann getraut. Auf diesem mehrjährigen Weg habe ich immer wieder Impulse bekommen, die zu meiner Entscheidung beigetragen haben. Das eigene Wertesystem habe ich immer wieder auf den Prüfstand gestellt: Was ist mir wichtig? Gespräche mit meinem Mann und meinen Vertrauten haben mir geholfen zu überprüfen, ob meine Idee von der Selbstständigkeit die Richtige ist. Irgendwann war ich so klar, dass mir die vermeintliche Sicherheit nicht so wichtig ist, wie ein selbstbestimmtes Leben. Heute sage ich gern, dass ich auf der Maslowschen Pyramide ganz oben angekommen bin und erfreue mich daran. Nur ich weiß auch: Nichts kommt von allein. Mit 50 noch einmal neu durchzustarten ist schon eine einschneidende Maßnahme im Leben und in der Beziehung. Doch ich war so sonnenklar und entscheidend sind die Gespräche vorab. Unabdingbar ist das klare Commitment des Partners. Und mein Mann hat in 2016 ganz wunderbar reagiert, als ich dann so weit war und es ganz konkret ausgesprochen habe: „Ich bin soweit, ich möchte mich selbstständig machen." Seine Worte: „Schatz, wenn Du dann glücklicher bist, dann mach es". Das hat mich damals so sehr gefreut! Schließlich habe ich trotzdem Ängste gehabt, mit denen ich meinen inneren Kampf geführt habe: Vor Scheitern, vor Fehlern, vor was weiß ich nicht alles. Und es ist ja auch ein Prozess des Loslassens. Los lassen von Menschen, Ritualen, Gewohnheiten, Annehmlichkeiten, Sicherheit und noch viel mehr. Nur: Wenn man los lässt, sind Kopf, Herz und Hände auch wieder frei für Neues. Deshalb habe ich meine Ziele nicht nur im Kopf gehabt, ich habe sie auch aufgeschrieben. Hier erwähne ich schon mal das persönliche Tagebuch, dass ich Ihnen empfehle. Ich habe mir immer all meine Gedanken notiert. Wir wissen, das Handschriftliche, das Analoge verankert sich viel besser – es macht also Sinn. Es hilft auch sehr, sich zu sortieren, wenn einem so viele Themen durch den Kopf gehen. Heute wissen wir auch warum: Aufgaben, die wir mit größerem Aufwand dokumentieren, sind mental stärker präsent und sitzen im Kopf in der ersten Reihe. Ich habe mir also notiert, was ich wofür zu tun habe und bin es angegangen. Entscheidend ist nach den Notizen natürlich, das, was folgt: Das Umsetzen. Dann haben wir eine Chance auf Erfolg. Ja, es sind nicht die Dinge, die uns leichtfallen, die uns in unserer Weiterentwicklung unterstützen. Es sind die Situationen, denen wir uns stellen, die mehr von uns fordern, als wir glauben, dass wir können. Wir kommen ja – gerade im geschäftlichen Kontext – oft aus einer Null-Fehlerkultur. Nur, wenn wir selbst als Vorbild vorangehen und mutig wagen (besser, als etwas gar nicht erst zu versuchen, weil wir den Glaubenssatz haben, dass es sowieso nicht klappt) – also mutig genug sind, etwas zu tun, mit der Wahrscheinlichkeit, dass wir Fehler machen – daraus lernen – wieder aufstehen und neu Anlauf nehmen. So kann kultureller Wandel entstehen: im Privat- und Berufsleben.

Der Psychotherapeut Dr. Oliver Korn, spezialisiert auf dem Gebiet der metakognitiven Therapie, sagt „Wir können lernen, unser Denken zu steuern" [4]. Das heißt, wir sind nicht ausgeliefert. Wir können etwas ändern, auch wenn es manchmal auf den ersten Blick nicht so scheint. Aufmerksamkeitstraining kann hier ein gutes Werkzeug sein.

Persönlicher Mutmacher
Lediglich Ihre Pläne und Strategien sind bei einem Misserfolg gescheitert, nicht SIE als Mensch. Fehler und Misserfolge, das sind ganz normale Vorgänge im Leben eines jeden Menschen. Kein Grund, deshalb an sich und seinen Fähigkeiten zu zweifeln oder sich gar dafür zu verurteilen. Sie haben einen Weg eingeschlagen, der sich als Sackgasse erwies. Ihre Strategie ging nicht auf. Suchen Sie einen neuen Weg, eine neue Strategie und geben Sie sich eine zweite oder

dritte Chance. Sie werden Erfolg haben, wenn Sie die richtige Strategie gefunden haben. Zweifeln Sie nie an sich als Mensch, wenn Sie versagen, höchstens an Ihren Strategien.

Das gilt nicht nur für Ihr Privatleben, das gilt auch und erst recht im Berufsleben. Fehlerkultur wird – zum Glück – immer mehr besprechbar und die Frage ist, mit welcher Haltung gehen Sie und Ihr Umfeld, Ihre Kollegen, Ihre Vorgesetzten mit Ihren Fehlern um. Und wenn Sie Mitarbeiter haben, ist es eine Chance, Vorbild zu sein: Wie gehen Sie mit den Fehlern der anderen um? Ermutigen Sie andere nach Fehlern wieder? Hinterfragen Sie die Ursachen? Oder nehmen andere Sie nur in der Kritik wahr? Bevor Sie also destruktiv für Fehler „bestrafen", was sicher nicht der intrinsischen Motivation Ihres Gegenübers dient, es beim nächsten Mal besser zu machen, fragen Sie sich bitte: Wie möchte ich, dass mit mir umgegangen wird? Wie war das mit dem Vorbild? Wie will ich von anderen einen wertschätzenden, lösungsorientierten Umgang erwarten, wenn ich ihn selbst nicht vorlebe?

Noch einmal ein Wort zu Mut. Ich finde, man sollte viel öfter einen Mutausbruch haben! Marie Curie hat einmal gesagt „Was man zu verstehen gelernt hat, fürchtet man nicht mehr" [5]. Mut und sich selbst besser verstehen ist ein maßgeblicher Schlüssel, seine Ziele zu erreichen. Haben Sie sich schon manchmal gefragt: Wie machen die anderen das? Warum trauen die sich das? Treffen von den sieben nachfolgenden häufigsten Fehlern beim Selbstmarketing auch welche auf Sie zu?

1. Den Mund halten
2. Zu dick auftragen
3. Chancen verstreichen lassen
4. Lob, Anerkennung und Komplimente abwehren
5. Sich selbst klein machen
6. Nehmen, was kommt, auch wenn es nicht das ist, was Sie erwarten
7. Zu wenig private und berufliche Netzwerke pflegen

Was steckt dahinter?

Zu 1.: Den Mund halten
Warum trauen Sie sich nicht? Woran fehlt es? Es hat viele Facetten. Zum Beispiel: Verlässt Sie in der großen Runde der Mut? Überlegen Sie lange, weil Sie nur fundierte Aussagen treffen wollen? Inzwischen ist die Gesprächsrunde schon beim nächsten Thema? Oder sind Sie einfach nur unsicher? Fehlt es an genug Selbstwertgefühl? Glauben Sie, die anderen wissen es besser? Okay! Jetzt auf zur Mutprobe! Für die nächste Runde, ob privat oder beruflich: zeigen

Sie Interesse am Thema und an Ihren Mitmenschen und teilen Sie Ihre Meinung ruhig mit. Es muss ja nicht gleich eine „einsteinsche Weisheit" sein, Etwas beizutragen haben Sie ganz gewiss. Die anderen sind bis jetzt nur mutiger gewesen – das können Sie auch! Einen Versuch ist es wert! Danach können Sie sich an Ihrem Erfolg erfreuen und sind ermutigt für das nächste Mal.

Sie haben jetzt sicher auch einige Beispiele im Kopf, wo Sie sich über sich ärgern, dass Sie nicht den Mund aufgemacht haben und hinterher sagen „hätte ich mal...". Jetzt ist es zu spät. Und das gilt nicht nur für große Runden. Sondern auch in der Beziehung. Zu Beginn unserer Beziehung fragte mich mein Mann, ob ich überhaupt eine Beziehung möchte. Warum? Ich war sehr klar, in dem was ich will und was ich nicht will. Ich habe mich getraut. Und das war das Entscheidende: Er wusste von Anfang an, wie ich „ticke", was mir wichtig ist und auch er hat mir in vielen Situationen und Gesprächen gesagt und gezeigt, was ihm wichtig ist. Wenn Sie Dinge am Anfang nicht klarstellen, wann wollen Sie es dann sagen? Nachschärfen, nachkarren, korrigieren, Aussagen widerrufen ... das ist viel schwerer und braucht noch mehr Mut, weil Sie es ja dann auch begründen wollen, warum Sie Ihre Meinung geändert haben. Die Gefahr besteht allerdings in Beziehungen jeglicher Art. Man will den anderen nicht vor den Kopf stoßen, alles schön harmonisch. Oh, große Gefahr! Harmonie entsteht nicht durch Ja sagen und Nein meinen. Das ist dann nur der Schein und nicht sehr belastbar. Es belastet nur Sie! Harmonie beruht auf Klarheit – dafür stehe ich. Hier passt 3. gerade so gut.

Zu 3.: Chancen verstreichen lassen
Wenn ich den Mund halte und nicht sage, was ich möchte, habe ich definitiv eine Chance verpasst. Die anderen können nicht hellsehen. Eine der ersten Dinge, die meine Schwiegermutter mir damals über meinen zukünftigen Mann gesagt hat, war: „Bei ihm musst Du riechen, was er denkt". Herrlich! Es ist immer noch ein „running Gag" bei uns. Wenn ich dem Ganzen mit Humor begegne und an den Satz von damals erinnere, dass ich mehr Informationen brauche, muss er auch lachen.

Ganz wichtig finde ich es im Berufsleben. Lassen Sie mich **ein** Beispiel nennen, für die, die sich nicht trauen. Wenn Sie Ihrem Chef nicht rechtzeitig vor einer Entscheidungsrunde sagen, dass Sie gern mehr Gehalt möchten, dann ist das eine gute Gelegenheit für ihn, sein Budget anders zu verteilen. Klar spielen ganz viele weitere Faktoren mit hinein. Ein entscheidender bleibt: Haben Sie den Mund aufgemacht? Weiß er, was Sie möchten? Und wenn Sie sich trauen, dann gehen Sie bitte extrem gut vorbereitet in das Gespräch. So ist das mit den Zielen: Nur wenn Sie sich gut vorbereiten, Argumente parat haben, haben Sie auch eine Chance, gehört zu werden. Und wenn es dann nicht mehr Gehalt gibt, dann brauchen Sie sich keinen Vorwurf machen, dass Sie es nicht angesprochen haben. Ärgern würden

Sie sich, wenn Sie es nicht angesprochen hätten. Und im Idealfall hat sich hier das Mund aufmachen, also die Chance nutzen, gelohnt. Sie wurden gehört und berücksichtigt und haben jetzt ein wenig mehr Gehalt. Später bei den Finanzen gehe ich näher darauf ein: Ich hoffe, Sie sparen Ihre Gehaltserhöhung! Weil bis zum dem Zeitpunkt sind Sie auch mit dem bisherigen Geld ausgekommen und brauchen sicher nicht noch mehr Konsum! Das nur als kleines Appetithäppchen zu den Finanzen vorne weg. Und eine Anmerkung noch: Ja, wir wollen für unsere Leistung wertgeschätzt werden. Dafür sind allerdings andere Kanäle mehr ausschlaggebend, die länger anhalten. Die intrinsische Motivation wird vom Gehalt nicht direkt berührt. Das Gehalt, auch das höhere, ist „nur" eine extrinsische Motivation, die nur kurzfristig wirkt. Sie gewöhnen sich sehr schnell an das neue Gehalt.

Zu 2.: Zu dick auftragen
Wenn es darum geht, wie wir wahrgenommen werden möchten, gilt es, auf sich zu schauen: Umgangssprachlich spricht man von Angebern. Warum hat jemand das nötig? Welches Bild möchte er nach außen abgeben und welches Defizit trägt er mit sich und möchte es damit kaschieren oder sogar verbergen? Sympathisch findet das übrigens niemand und man läuft Gefahr, ertappt zu werden. Wenn eine Situation auftritt und herauskommt, dass zwischen Worten und Taten das Meer liegt. Das erzeugt nur unnützen Stress. Sparen Sie sich diesen nicht notwendigen Stress!

Zu 5.: Sich selbst kleinmachen
Eine weitere spannende Frage zur Wahrnehmung ist: Was wollen Sie? Nicht die anderen! Denn: Wir sind nicht auf der Welt, um so zu sein, wie andere uns wollen! Tun Sie alles dafür, dass Sie Ihren Werten entsprechend wahrgenommen werden? Sind Sie immer mit sich zufrieden? Zum Beispiel, wie Sie mit anderen umgehen? Wie Sie auftreten? Nutzen Sie wirklich Ihre Chancen? Erkennen Sie sie als solche? Wie gehen Sie mit Lob um? Wiegeln Sie es ab oder können Sie es dankend annehmen ohne sich klein zu machen? Sagen Sie zu allem JA, weil Sie glauben, Sie haben nichts Besseres verdient oder haben keine Chance auf etwas Besseres? Überlegen Sie, ob Sie etwas wirklich wollen: Dann kommt ein klares Ja von Herzen und aus Überzeugung. Mit einem NEIN grenzen Sie sich ab. Warum Ja sagen, wenn Sie Nein meinen bzw. nicht richtig wollen? Was bewegt Sie dazu? Nehmen Sie die Wünsche, Bedürfnisse und Anliegen anderer wichtiger als sich? Was ist mit Ihren Bedürfnissen? Wann werden die von Ihnen gehört und berücksichtigt? Nicht die anderen sind „schuld", wenn Sie Ihre Themen NICHT verfolgen, es liegt bei Ihnen. Hört sich hart an, ich weiß. Ich lade Sie ein, probieren Sie das Nein sagen doch immer mal wieder aus! Wie wollen Sie ein selbstbestimmtes Leben führen, wenn Sie im Alltag es nicht bei sich einfordern?

Setzen Sie Ihre eigenen Maßstäbe! Machen Sie sich frei von den
anderer. Das erzeugt z. B. Stress! Sie können nicht sein wie andere: W
einmalig! Hören Sie auf, sich mit anderen zu vergleichen!!! Dieser nic.
Weg führt zur Freiheit, zur geistigen Unabhängigkeit. Das ist doch ein lc
wertes Ziel, was sich nach mehr Lebensqualität anhört, statt unzufrieder.
gestresst, weil Sie stets Ihre Bedürfnisse hinten anstellen.

Zu 7.: Zu wenig private und berufliche Netzwerke pflegen
Auf das Netzwerken möchte ich unbedingt eingehen. Es gibt mittlerweile zahlreiche
Bücher, die sich allein diesem Thema widmen. Nicht ohne Grund. Schließlich ist die
Beziehungsebene eine maßgebliche Voraussetzung, um auf der Sachebene erfolgreich zu sein. Klar ist auch: Erst geben, dann nehmen. Wenn Sie nach Jahren nicht
gepflegten Netzwerkens auf Menschen zugehen, dann wird es sicher so sein, dass
sie Ihnen diesen einen Gefallen, um den Sie gebeten haben, sicher tun werden. Dann
werden diese „alten Bekannten" aber auch diesen Kontakt wieder einschlafen lassen.
Warum: Der Mensch will nicht ausgenutzt werden, nicht nur kontaktiert werden,
wenn man etwas von ihm braucht. Das mögen Sie auch nicht, oder? Hier wieder
eine Einladung zu einer kleinen Mutprobe: Wenn Sie jemanden im Bekanntenkreis
haben, der so mit Ihnen umgeht und Sie bis jetzt „funktioniert" haben, ist das eine
gute Gelegenheit, beim nächsten Mal zu sagen, dass Ihnen das nicht gefällt und wie
Sie sich dabei fühlen. Hilfestellung geben Ihnen dazu weiter hinten im Buch die
Feedbackregeln und die Kommunikation nach Schulz von Thun [6].

Das Netzwerken macht übrigens auch Spaß, ausschlaggebend ist Ihre Haltung.
Wenn Sie großzügig in Ihrer geistigen Haltung sind und gern helfen, dann wird es
mehrfach auf Sie zurückkommen. Davon bin ich felsenfest überzeugt!

2.1 Selbstmarketing

Eine Einladung zur Selbstreflexion: Was könnte mir dienen auf dem Weg zu mehr
Erfolg?
Die 7 Talente der Selbst-PR:

1. Das Erkennen meiner Bremser und Antreiber
2. Das Wissen um meine Stärken
3. Das Benennen meines (privaten, beruflichen, finanziellen, …) Ziels
4. Die Definition meiner Zielgruppe (Familie, Partner, Vorgesetzte/r, Kollegen, …)
5. Das Entwickeln meiner Kompetenzthemen
6. Das Verfeinern meiner Ausstrahlung
7. Das Nutzen von Bühnen

...at einmal gesagt: „Misserfolg: die Chance, es beim nächsten Mal ...achen" [7]. Rückschläge sind eine gute Möglichkeit, den Ursachen ...und zu gehen, in die Selbstreflexion zu gehen – das Thema Selbstver- ...ung zu „üben". Denn: Nur wenn wir den eigenen Anteil an unseren (Miss) ...en erkennen, können wir Schlussfolgerungen für künftige Ziele, die dafür ...vendige Haltung und unser entsprechendes Handeln ableiten.

2.2 Stress und Resilienz

Wie gut sorgen Sie für sich? Die Bedürfnispyramide nach Maslow, Abb. 2.2., zeigt klar, welche Bedürfnisse der Mensch grundsätzlich hat. Wie gut kennen Sie Ihre Bedürfnisse und was steht der Erfüllung Ihrer Bedürfnisse im Weg? Manchmal ist es einfach Stress.

Stress: ein viel gebrauchtes Wort. Man ist wohl eher faul, wenn man nicht gestresst ist. Also höre ich oft, bei der Frage: Wie geht es Ihnen? „Ganz gut, bin nur gestresst, weil…." Und da kommen tausend Gründe. Was sind Ihre Stressoren? Sind Sie sich Ihrer Stressoren bewusst? Wissen Sie, was Ihnen Stress bereitet? Eine Forsastudie im Auftrag der Techniker Krankenkasse ergab: 63 % der Befragten fühlen sich meistens gestresst, 36 % fühlen sich manchmal gestresst und nur 21 % fühlen sich nur selten oder nie gestresst [9].

Das heißt 6 von 10 Deutschen stehen „fast immer" unter Stress. Wie schätzen Sie Ihr Stresslevel ein?

Abb. 2.2 Bedürfnispyramide nach Maslow [8]

Ist Stress ein Indikator für wichtig sein? Worüber definieren Sie sich? Was wäre ein probates Mittel gegen Stress? Zum Beispiel die Auseinandersetzung mit Ihrer Resilienz. Resilienz ist die eigene innere Stärke und Belastbarkeit.

Jeder geht anders mit Belastungen um. Die Ausprägung von Resilienz, also physischer und psychischer Stärke, ist individuell ganz unterschiedlich. Die Ausprägung Ihrer Widerstandskraft ist maßgeblich dafür, wie Sie Krisen überstehen und Stress-Situationen meistern. Die Resilienzforschung hat sieben Faktoren identifiziert, die Menschen seelische Stärke verleihen, diese sind: Emotionen steuern, Impulse kontrollieren, Kausalität analysieren, Situationen ändern, optimistisch denken, Empathie entgegenbringen, Ziele verfolgen.

Mit folgenden Fragen möchte ich Sie anregen.

- Wenn Sie sich über eine Situation geärgert haben, schaffen Sie es dann schnell, den eigenen Ärger zu überwinden?
- Schaffen Sie es – auch unter Druck – Ihre Arbeit konzentriert und zielorientiert zum Abschluss zu bringen?
- Nehmen Sie sich Zeit, Situationen zu analysieren, daraus zu lernen und Fehler nicht zu wiederholen?
- Sind Sie davon überzeugt, dass Sie sich und Dinge zum Besseren verändern können?
- Schauen Sie der Realität ins Auge oder verharmlosen Sie gern Situationen?
- Wie gut gelingt Ihnen der Perspektivwechsel? Können Sie sich gut in die Gedanken- und Gefühlswelt anderer hineinversetzen?
- Haben Sie klare Ziele und verfolgen Sie dieser diszipliniert? Wie gehen Sie mit Rückschlägen um?

Ihre Erkenntnisse aus der Beantwortung der Fragen gilt es jetzt zu „verdauen". Wenn Sie mögen, machen Sie sich spontan direkt ein paar Notizen, die Ihnen einfallen. Vielleicht tut es Ihnen gut, mit einem Menschen des Vertrauens über Ihre Gefühle bei der Beantwortung der Fragen zu sprechen. Wer könnte das sein?

Ihre persönlichen Notizen:

_____

_____

_____

_____

Was tun Sie für Ihre innere Stärke und Belastbarkeit, also sich Gutes, um Ihren Alltag erfolgreich zu meistern? Dabei hilft es zu wissen: Was tut mir gut? Kennen Sie Ihre Energieräuber? Was raubt Ihnen Energie? Notieren Sie sich hier und jetzt ein paar Beispiele, die Ihnen spontan einfallen und die Ihnen so, wie es heute ist, nicht gefallen.

_____

_____

_____

_____

_____

Einige Ihrer notierten Erkenntnisse werden Menschen in Ihrem nahen Umfeld betreffen. Das heißt, Sie werden jetzt überlegen: „Wie gehe ich es an?" Wie sind Sie die Situationen bisher angegangen? Erinnern Sie sich an erfolgreiche und weniger erfolgreiche Gespräche. Das hilft Ihnen bei der Entscheidung, wie Sie es dieses Mal machen möchten. Sie wissen ja: Nicht Sie sind bei einem nicht erfolgreichen Versuch gescheitert, sondern Ihre Strategie, Ihr Weg. Was ist also die logische Schlussfolgerung: Ändern Sie Ihren Weg, dann ändert sich auch das Ergebnis!
Wie gehen Sie mit Ihren Situationen um?

1. brav & angepasst
2. trotzig & rebellisch
3. erwachsen & souverän?

Hier kommt wieder der oben erwähnte Mut ins Spiel. Es braucht Mut und eine gute Haltung als Voraussetzung für eine gelingende Kommunikation, um seinem Energieräuber erwachsen und souverän zu sagen, was man nicht mehr möchte. Nur so können Sie es nachhaltig abstellen und sich dabei trotzdem auf Augenhöhe begegnen. Erlauben Sie sich, mutig zu sein!!
Noch ein Wort zu Stress: Wenn Sie ständig unter Strom stehen, Ihre To-Do Liste zwei Meter lang ist und Sie nicht wissen, was Sie zuerst machen sollen, dann erzeugt das Stress in Ihrem Körper, ob Sie es sich eingestehen oder nicht. Die Folgen von Stress sind allgemein bekannt. Bis die Symptome sichtbar werden, spielen bereits die Hormone im Körper ihr eigenes Spiel und torpedieren die Pläne zu einem gesunden und erfolgreichen Leben. Ohne Klarheit, gesunde Ernährung und Bewegung gewinnt z. B. das Stresshormon Cortisol die Oberhand

in Ihrem Körper und behindert Sie bei Ihrer Zielerreichung. Ein Augenöffner dazu ist das Buch der Biochemikerin Dr. Libby Weaver „Das Rushing Woman Syndrom – Was Dauerstress unserer Gesundheit antut" [10].

Nach der Lektüre dieses Buches haben Sie hoffentlich Lust, einige Stressthemen anzugehen. Nichtsdestotrotz kommen wir immer wieder in neue stressige Situationen. Jetzt ist ein guter Anti-Stress-Weg, für sich ein paar „Werkzeuge" parat zu haben, um dem Stress ein Schnippchen zu schlagen. Abhängig von der Situation sind unterschiedliche Achtsamkeitsübungen möglich. Überall können Sie zum Beispiel das langsame und bewusste Atmen vollziehen. Langsames Atmen und Stress widersprechen sich – hilft also prompt und senkt auch Ihren Puls. Sicher wissen Sie am besten, was Ihnen guttut und was Sie möglich machen wollen: Einen Tee kochen, aus dem Fenster schauen, spazieren gehen, ein Nickerchen machen, Ihren Lieblingssport machen, laufen, Yoga, Kraftsport, Pilates, etc… Es ist nicht entscheidend, WAS sie machen. Entscheidend ist, dass Sie sich darüber bewusst sind, dass „jetzt" etwas passieren muss, damit Sie wieder in die Balance kommen und dass Sie es sich auch wert sind, priorisieren und sich auch gönnen.

Lassen Sie uns noch einmal auf die Bedürfnispyramide nach Maslow eingehen (siehe Abb. 2.2).

Sind Ihre physiologischen Bedürfnisse erfüllt? Was tun SIE dafür? Manchmal hilft auch einfach Entschleunigung.

Ein kleines Beispiel, auch bezüglich Achtsamkeit: Mein Mann und ich leben in Baden-Württemberg und kommen beide original aus dem Land Brandenburg und wir fahren gern in die Heimat. Das sind ca. 680 km. Früher sind wir an langen Feiertagswochenenden gefahren – da haben wir natürlich viel im Stau gestanden. Das haben wir dann abgeschafft. Trotzdem – wir alle wissen, das Verkehrsaufkommen hat in den letzten 20 Jahren erheblich zugenommen. Dazu kommt: wir sind auch älter geworden . Flug ist für uns nicht ganz so geschickt, unsere Unabhängigkeit lieben wir auch. Inzwischen haben wir eine sehr angenehme Art und Weise gefunden: Das entschleunigte Reisen. Wir starten bereits am Vorabend bzw. späten Nachmittag, haben uns ein Hotel auf der Strecke gebucht, gehen abends noch schön essen und starten dann ausgeruht zum zweiten Teil der Fahrt nach einem entspannten Frühstück im Hotel. Wir kommen an und sind nicht direkt müde – wir haben alle etwas davon und können den Kurzurlaub mit unseren Lieben viel mehr genießen.

Was tun Sie, um Ihr ganz individuelles Wohlfühlbedürfnis zu befriedigen? Welche Sicherheiten sind Ihnen besonders wichtig? Solange Sie noch kein persönliches Notizbuch haben, schreiben Sie diese hier direkt auf:

_____

_____

_____

_____

_____

Bei vielen Menschen steht als existenzielle Basis die finanzielle Sicherheit ganz
weit oben. Dazu mehr im Kapitel „Finanzen".

Sicher gibt es auch Schnittmengen: Beziehungen stehen für Sicherheit und für
soziale Bedürfnisse. Für den Stress, der sich aus Beziehungen ergibt, finden Sie
gangbare Wege in dem Kapitel „Beziehungen führen – so geht das!"

Und nun zu Ihren ganz individuellen Bedürfnissen: Kennen Sie diese? Sind
diese alle erfüllt und wenn nicht, leben Sie gut damit?

Bevor Sie sie vergessen, notieren Sie sich hier gleich Ihre individuellen
Bedürfnisse, für die Sie noch einen Platz in Ihrem Leben finden möchten.

_____

_____

_____

_____

Was können Sie tun, um Raum und Zeit dafür in Ihrem Leben zu finden? Vielleicht
finden Sie in diesem Buch Anregungen, Lust und Ermutigung, es anzugehen.

Die Krönung der Bedürfnisse ist die Selbstverwirklichung. Jetzt will ich Sie
nicht neidisch machen. Ich will es nur mit Ihnen teilen: Als ich mich entschieden
habe, nach 24 Jahren ein Unternehmen zu verlassen, um mich selbstständig zu
machen, habe ich es gefühlt: Ich darf mich nun selbst verwirklichen. Ich bin so
dankbar dafür und erfreue mich jeden Tag daran. Es hat so viele positive Auswirkungen. Was können Sie tun, um sich ein Stück näher zu kommen? Und was
WOLLEN Sie tun? Mehr dazu später bei den Wechselwirkungen zwischen Privat-
und Berufsleben.

2.3   Energiespender & Energieräuber

Jetzt ist es ja nicht gerade einfach, in gewachsenen Beziehungen von jetzt auf
gleich alles zu ändern. Da braucht es Vorarbeit. Schauen Sie hin: In welcher
Beziehung stehen Sie zu Ihrem Energieräuber? Warum hat er/sie diese Macht

über Sie? Warum lassen Sie es zu, obwohl Sie es in Ihrem Inneren nicht wollen? Ganz pragmatisch: Weil Sie in Ihrer Persönlichkeit Ihre gelernten Verhaltensmuster haben und abhängig von Ihrem Gegenüber setzen Sie diese unbewusst ein. Manchmal sind es auch Abhängigkeiten, die Sie in Kauf nehmen, weil sie Ihnen auf der anderen Seite Vorteile bringen. Sie entscheiden, welche Kompromisse Sie leben wollen.

Überlegen Sie sich doch direkt jetzt ein paar Beispiele, welches Verhalten Sie gern ändern möchten.

Bespiel-Situation	Bisherige Reaktion	alternative Handlungsweise

Machen Sie sich selbst Mut: Notieren Sie sich auch Beispiele, wo Ihnen die Anwendung neuer Verhaltensmuster erfolgreich gelungen ist, wo Sie eine Situation souverän gelöst haben – seien Sie stolz auf sich! Weiter so!

_____

_____

_____

Hier ist es, wie beim Musikinstrument spielen: Tägliches üben hilft, so festigt sich das Gelernte, man entwickelt sich in seinem Können weiter.

Denken Sie daran: Sie sind etwas ganz Besonderes! Behandeln Sie sich auch so! Dann werden die anderen Ihnen nachahmen!

Bei den Energieräubern und Energiespendern in der Abb. 2.3, dem Energiestern, finden Sie sowohl einige auf der psychischen als auch auf der physischen Ebene. Bei der Auseinandersetzung mit Ihren eigenen werden Sie merken, sie bedingen einander. Ich habe Ihnen leere Pfeile gelassen, die Sie mit Ihren Beispielen für Energieräuber und Energielieferanten befüllen können. Ihr klares Ziel

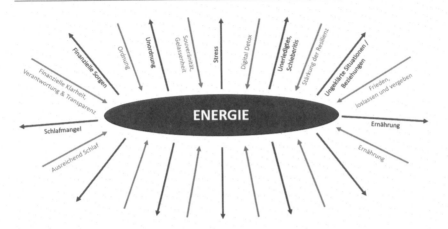

Abb. 2.3 Energiestern, Beate Kanisch

ist natürlich, dass mit der Zeit Ihre grünen Pfeile mit Energielieferanten mehr und Ihre roten Pfeile mit Energieräubern weniger werden.

Es lohnt sich Ihrer Gesundheit zu Liebe, dass Sie sich mit Ihrem eigenen Stress auseinandersetzen. Sowohl tatsächlicher als auch empfundener Stress: beide schaden z. B. durch erhöhte Cortisolproduktion die Gesundheit. Hier greift meine Buchempfehlung von vorher: Dr. Libby Weaver hat das in ihrem Buch „The rushing woman syndrom" beleuchtet [10]. Sie geht hier auf die biochemischen Prozesse im Körper ein und erläutert sehr gut, welche negativen Auswirkungen Cortisol auf Organe und Abläufe im Körper hat und noch viel mehr!

Das Thema Gesundheit möchte ich gern weiter vertiefen. Ein definitiver Energieräuber ist Schlafmangel. Ich spreche nicht von einer zu kurzen Nacht, sondern von dauerhaft zu wenig Schlaf. Schlaf hat eine wichtige Funktion. Ja, ich kenne den Spruch im Arbeitsumfeld „Schlaf wird völlig überbewertet", der immer ein kleiner Lacher ist. In Wirklichkeit schaut es anders aus. Schlaf ist die beste Möglichkeit, dass sich der Körper regeneriert und hilft maßgeblich, die Körperfunktionen aufrecht zu erhalten. Selbstredend sind Konzentration und Leistungsfähigkeit durch ausreichenden Schlaf gestärkt. Auf Dauer ist es definitiv ungesund, zu wenig zu schlafen. Auch wenn Sie jetzt sagen „Ich brauche nicht viel Schlaf". Eher besteht die Wahrscheinlichkeit, dass Sie sich weniger zu schlafen antrainiert haben, um all Ihre Aufgaben, Ihren Alltag zu bewältigen. Die Vermutung liegt nahe, dass Sie mit mehr Schlaf den Herausforderungen des Tages gelassener, gestärkter begegnen können. Was müssten Sie dafür weglassen, um die Zeit zu finden? Es ist auch wahrscheinlich, dass Sie so manche Aufgabe schneller bewältigen, weil es Ihnen leichter von der Hand geht und Sie sich viel besser konzentrieren können.

Das ist doch direkt eine Einladung an Sie, mal zu schauen, womit Sie Ihre Freizeit verbringen? Klar brauchen wir den Laptop und das Smartphone zum Netzwerken, auf das ich noch später eingehe. Wie viel Zeit verbringen Sie in Ihrer Freizeit wirklich digital? Geraten Sie schnell ins Surfen? Die Werbung auf der einen Seite lädt Sie noch auf eine nächste ein und immer so fort. Und wie viel Minuten oder sogar Stunden verbringen Sie am Ende des Tages mit Ihren mobilen Endgeräten?

Wohlwissend, dass in Grafik Abb. 2.4 „Das Smartphone (fast) immer im Blick" auch die berufliche Nutzung enthalten ist, bleibt trotzdem die Frage: „Wann ist Feierabend? Wann schalten Sie ab?" Und es bleibt die Erkenntnis, dass „blaues" Licht kurz vor dem Schlafen keine ideale Voraussetzung für erholsamen Schlaf ist.

Die Grafik/Abb. 2.5 „Digital zieht 2017 an TV vorbei" zeigt, dass der digitale Konsum in den letzten Jahren massiv gestiegen ist. Die Zahlen sprechen für sich. Und jetzt frage ich Sie: Wäre hier eine Möglichkeit, die Zeit für mehr Schlaf zu finden?

Und wir wissen es alle, was wir in der Abb. 2.6 „Deutsche Kinder konsumieren zu viel Medien" ersehen:

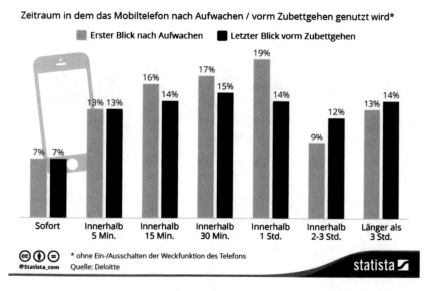

Abb. 2.4   Das Smartphone (fast) immer im Blick [11]

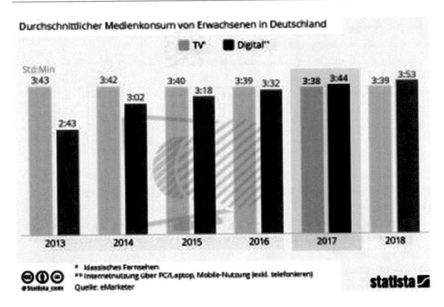

Abb. 2.5 Digital zieht 2017 an TV vorbei [12]

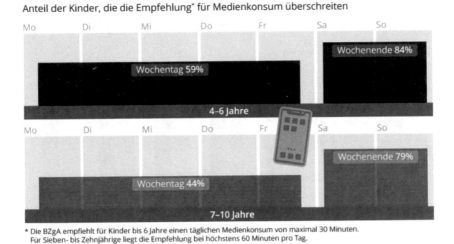

Abb. 2.6 Deutsche Kinder konsumieren zu viel Medien [13]

In der Abb. 2.7 „Gegenüberstellung der tatsächlichen und der empfohlenen Schlafdauer" ersehen wir, wie wir mit uns umgehen und wie viel Schaf sich die Deutschen wirklich gönnen:

Empfohlene Schlafdauer Befragung zu Schlafdauer in Deutschland

Zur Gesundheit gehört ja noch ein wenig mehr: Wie ernähren Sie sich? So, dass Sie Energie für den Tag haben? Wie viel ist es Ihnen wert? Machen Sie sich ein gesundes Frühstück oder kaufen Sie Weißmehlbrötchen auf dem Weg zur Arbeit? Und dann in der Mittagspause ebenso? Was sind die Alternativen? Sich wichtig nehmen heißt auch, sich Zeit zu nehmen, um sich ein gesundes Frühstück zu machen bzw. mitzunehmen. Zum Mittag gibt es die Möglichkeit, in der Kantine Salat oder Gemüse zu nehmen oder eben nicht. Voraussetzung ist, Sie entscheiden konsequent, dass Sie sich grundsätzlich gesund ernähren wollen: Diese Entscheidung hilft, nicht jeden Tag neu zu überlegen, was Sie tun, weil Sie haben sich ja bereits entschieden. Da können Sie wunderbar an den Pommes vorbei gehen. Wenn Sie wissen, welche Inhaltsstoffe welche Wirkung haben, wird Ihnen das noch viel leichter fallen. Tipps dazu finden Sie z. B. im Internet bei den Ernährungs-Docs und vielen weiteren Seiten und in vielen Büchern. Und Ausnahmen gehören zum Spaß dazu.

Bewegung: Damit unser Körper und unser Gehirn super funktionieren, brauchen wir Bewegung: die 10.000 Schritte am Tag sind bekannt. Die Frage ist: Wie bauen Sie das in Ihren Alltag ein? Sind Sie Frühaufsteher? Gehen Sie lieber nach dem Abendessen noch eine Runde spazieren? An welchen Tagen können Sie feste Zeiten für Sport einplanen? Wie kommen Sie in die Umsetzung? Mit wem müssen Sie sprechen? Wer kann Sie zeitlich entlasten, unterstützen, z. B. bei den Fahrdiensten der Kinder?

Auch ist Muskeltraining wichtig: wenn wir nichts tun, bauen wir konsequent Muskeln ab und lassen in unserer Gesamtleistungsfähigkeit nach. Obendrein

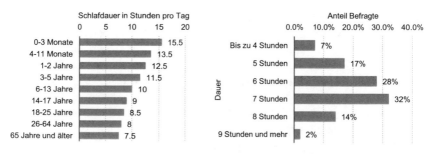

Abb. 2.7 Gegenüberstellung der tatsächlichen und empfohlenen Schlafdauer [14]

erhöhen Muskeln den Grundumsatz an Energieverbrauch: schon 10 min täglich helfen. Spätestens alle 48 Stunden wollen die Muskeln angesprochen werden, um sich aufzubauen.

Es ist leichter Neues zu beginnen, als alte Routinen abzulegen: Darum führen Sie neue Rituale ein, die Ihnen auch Freude machen! Das verschafft Ihnen u. a. Erfolgserlebnisse, eine gesündere Ausstrahlung, mehr Energie, mehr Lebensfreude und sie können stolz auf sich sein – das erhöht ganz nebenbei Ihr Selbstbewusstsein! Und bleiben Sie am Ball, wenn es auch einen Tag nicht geklappt hat. Es dauert eine Weile, bis sich neue Verhaltensmuster verankern. Und wir wissen ja: Rückschläge gehören dazu auf dem Weg zum Erfolg!

Lassen Sie uns auf den Unterschied von Routinen und Ritualen eingehen: In Wikipedia werden die Begriffe so erläutert [15]:

Routine: Handlung, die durch mehrfaches Wiederholen zur Gewohnheit wird.

Als Gewohnheit (auch Usus, lat. uti „gebrauchen") wird eine unter gleichartigen Bedingungen entwickelte Reaktionsweise bezeichnet, die durch Wiederholung stereotypisiert wurde und bei gleichartigen Situationsbedingungen wie automatisch nach demselben Reaktionsschema ausgeführt wird, wenn sie nicht bewusst vermieden oder unterdrückt wird. Es gibt Gewohnheiten des Fühlens, Denkens und Verhaltens.

Ritual: Ein Ritual (von lateinisch ritualis ‚den Ritus betreffend', rituell) ist eine nach vorgegebenen Regeln ablaufende, meist formelle und oft feierlich-festliche Handlung mit hohem Symbolgehalt. Sie wird häufig von bestimmten Wortformeln und festgelegten Gesten begleitet und kann religiöser oder weltlicher Art sein (z. B. Gottesdienst, Begrüßung, Hochzeit, Begräbnis, Aufnahmefeier usw.).

Also eine Routine kann eine gute oder schlechte Gewohnheit sein. Vielleicht gibt es Gewohnheiten, die Sie in Ihrem Erfolg behindern? Sie wollen sich von einer verabschieden? Es kann sein, dass Sie mehrere Anläufe brauchen. Probieren Sie aus, was Ihnen hilft: ersetzen durch eine neue Gewohnheit oder ein schönes Ritual?

Kurz zur Ernährung: Warum steht sie in der Abb. 2.3. auf Seite 18 als Energieräuber und als Energiespender? In unserer Wohlstandsgesellschaft ist gesunde Ernährung mit Recht ein großes Thema geworden. Und Sie können Ihr persönliches Wohlbefinden massiv mit der Ernährung beeinflussen. Ein kleines Beispiel: Es ist nachgewiesen, dass zu saure Ernährung – also auf Dauer Übersäuerung des Körpers – Krankheiten begünstigen kann. Vor den Krankheiten stehen allerdings bereits u. a. die Konzentrationsstörungen, Schlafstörungen und die erhöhte Produktion von Stresshormonen – Sie sehen, es steht alles im Zusammenhang miteinander.

Noch ein Beispiel: Angenommen, Sie sind durch Energiefresser nicht so in Ihrer Kraft. Sie kennen das, wenn Ihre Beziehung nicht im Lot ist. Auf der anderen Seite: Wenn Ihr Privatleben in Ordnung ist, haben Sie Energie für den Job und bieten auch den schwierigen Herausforderungen die Stirn. Eine kraftkostende Dimension im Unternehmen sind gern die Machtspiele (siehe auch das Buch von Marion Knaths „Spiele mit der Macht" [16]). Zur Meisterung von derlei Spielen brauchen Sie eine gute Haltung, eine gute Strategie und Kraft. Denn was Ihnen begegnet ist ein sehr unterschiedlicher Umgang mit Macht: manchmal ist er gut, manchmal grenzwertig, manchmal grenzüberschreitend und manchmal sogar missbräuchlich. Ein radikales Buch – sozusagen ein Mutmacher – möchte ich an dieser Stelle empfehlen „Not Sorry – Vergeuden Sie Ihr Leben nicht mit Leuten und Dingen, auf die Sie keine Lust haben" von Sarah Knight [17].

Vielleicht finden Sie auch in dem Buch von Marco von Münchhausen „Wo die Seele auftankt – die besten Möglichkeiten, Ihre Ressourcen zu aktivieren" anregende Impulse zur inneren Stärkung und entdecken für sich Energiespender, die Sie umsetzen wollen. Ein wunderbarer Satz daraus ist „Geben Sie sich die Erlaubnis zum Genuss" [18].

2.4 Perfektionismus

Es gibt ja viele Gründe im Leben, warum wir etwas NICHT tun. Eine beliebte Argumentation ist Perfektionismus. Allerdings verhindert er, dass Sie stolz auf Ihre Ergebnisse und Erfolge sind. Ein Beispiel: warum schneiden Menschen ihre Rasenkante mit der Nagelschere? Erstens: Weil sie es lieben, wenn alles so korrekt ist und sich daran erfreuen. Wunderbar! Zweitens: Weil sie ein bestimmtes Bild nach außen abgeben wollen. Nicht wunderbar! Dieses Beispiel können Sie auf viele andere Lebensbereiche übertragen und sich fragen: Wessen Erwartungen erfüllen Sie: Ihre eigenen oder die der anderen? Wer hat so viel Macht über Sie, dass Sie unbedingt seine/ihre Erwartungen erfüllen wollen?

Hinter Perfektionismus versteckt es sich auch ganz hervorragend. Ein Beispiel: Eine Frau war bei mir zum Coaching, um Unterstützung in ihrer Fragestellung zu bekommen, ob sie Führungskraft werden möchte. Nachdem ich ihr viele Fragen gestellt hatte, schilderte sie mir, dass sie auch das alles kann, was „die anderen" können. Aber: Sie bräuchte noch die und die Qualifizierung, um wirklich perfekt auf ihre erste Führungsaufgabe vorbereitet zu sein. Ich hörte im Laufe des Gespräches immer mehr Gründe, warum es noch nicht jetzt sein kann, was ihr alles noch fehlte. Und so weiter. Die Erkenntnis war: Sie versteckte sich hinter dem Perfektionismus und hatte zu dem Zeitpunkt den Fokus/Ihren Lebensscheinwerfer auf ihren Sohn ausgerichtet. Völlig in Ordnung. In Ordnung war nur nicht, dass sie nicht zu sich selbst und ihrem Umfeld ehrlich war und sich hinter Perfektionismus versteckt hat. Das zeigt uns: Es wird Zeit! Wir brauchen eine

Kultur, in der sich Frau erlauben darf, ihre Prioritäten zu setzen. Alles hat seine
Zeit und alles hat seinen Preis. Liebe Frauen, einen maßgeblichen Anteil an der
Kulturänderung haben Sie selbst in der Hand. Seien Sie ehrlich zu sich selbst!
Nicht die anderen sind schuld, nicht das Umfeld. Ich darf hier Herrn Dr. Rein-
hard Sprenger empfehlen. Er hat viele wertvolle Bücher geschrieben. Aber eines
habe ich früher schon meinen BA-Studierenden empfohlen – ein Klassiker zum
Thema Selbstverantwortung: „Die Entscheidung liegt bei Dir" [19]. Bei der Lek-
türe wird Ihnen nicht nur ein Licht aufgehen, sondern ein ganzer Kronleuchter.
Veränderung fängt immer bei mir selbst an! Und ob es bei Ihnen Familie und
Karriere oder Familie oder Karriere heißt, entscheiden Sie. Darauf gehe ich näher
in meinem Vortrag „Beruf und Berufung" ein. Nun sind wir auch schon bei der
Frage: Wie kann ich Veränderungen bei mir selbst anstoßen? Ein sehr bewährtes
Werkzeug dafür ist die Vision, also Ihr Ideal, Ihr ganz großes Ziel. Wenn Sie Ihre
Vision niederschreiben, ergeben sich daraus Zwischenziele. Haben Sie schon Ihr
ganz persönliches Notizbuch? Nein? Jetzt wäre ein guter Zeitpunkt, sich eines
zuzulegen.

Bis dahin notieren Sie HIER Ihre Vision:

_____

_____

_____

_____

Formulieren Sie hieraus ableitend Ihre notwendigen Zwischenziele und die sich
daraus ergebenden Schritte, die zu tun sind.

_____

_____

_____

Wenn Sie die Zwischenziele umsetzen, verändern Sie in kleinen Schritten etwas.
Jeder kleine Zwischenerfolg bringt Sie Ihrem großen Ziel näher. Wenn Sie Rou-
tinen verlassen und Rituale einführen, verändern Sie etwas. Welche Routine, die
Sie nicht mehr wollen, werden Sie ab heute durch ein hilfreiches Ritual ersetzen?

Sie sind gerade auf dem besten Weg, Ihr Leben in die Hand zu nehmen. Herzlichen Glückwunsch! Bleiben Sie dran! Ein langer Atem zahlt sich aus. Und wie bereits gesagt, Rückschläge werden Ihnen im Nachhinein den besseren Weg weisen und sie gestärkt aus Situationen hervor gehen lassen. Vertrauen Sie sich! Trauen Sie sich etwas zu! Seien Sie mutig!

Apropos langer Atem: Da mag ich gleich noch einmal auf die Bewegung eingehen. Was Sie sportlich gern und oft machen, lässt sich auch wunderbar auf Ihre anderen Lebensbereiche übertragen.

Wie ist es um Ihre Ausdauer bestellt? Z. B. brauchen Veränderungen Zeit. Laufen Sie gern? Das hat viele positive Nebeneffekte für die Gesundheit: es hilft, Stress abzubauen, es unterstützt den Hormonhaushalt positiv, die Bildung neuer Blutgefäße wird angeregt usw. Goethe hat schon gesagt:,,Wenn Du allein spazieren gehst, kommst Du mit vielen Gedanken wieder" [20] – probieren Sie es mal aus und finden Sie heraus, ob es Ihnen gut tut. Auch und gerade in der Natur, im Wald atmen Sie eine wunderbare Luft und Ihre Gedanken können fließen. Ob allein oder für ein gutes Gespräch, das sich mit jedem Schritt weiterentwickelt. So coache ich auch gern beim Gehen in der Natur.

Lassen Sie mich kurz auf Perfektionismus in einer weiteren Dimension eingehen. Und zwar, wenn Sie eine Firma oder einen Bereich leiten. Warum? Perfektionismus und aus Kreativität folgende Innovationen stehen sich gern im Weg. Wir alle wissen, „Made in Germany" ist ein Wert für sich, der für Qualität steht und vielen deutschen Firmen weltweit einen guten Ruf gemacht hat. Doch wenn diese Firmen auch heute und in der Zukunft erfolgreich sein wollen, gilt es zu prüfen, welche Werte gelebt werden müssen, um den Erfolg voranzutreiben. Dazu gehört ganz klar die Schnelligkeit, wie Sie neue Entwicklungen und Produkte auf den Markt bringen. Sie merken es schon, hier steht Ihnen der Perfektionismus im Weg. Näher gehe ich in meinem Vortrag „Führung in der digitalen VUCA-Welt" darauf ein. Verpassen Sie nicht den Anschluss! Lösen Sie sich von alten Mustern! Würdigen Sie ihren bisherigen Erfolg und passen Sie Ihr Geschäftsmodell mit allem was dazu gehört den neuen Herausforderungen an. Sonst fährt der Zug ohne Sie in die Zukunft. Das kostet Sie viel!

Wie kann ich Veränderungen anstoßen und neue Ziele erreichen?

3

3.1 Was macht ein glückliches Leben aus?

Lassen Sie uns einen Blick auf das Glück werfen: Die Grant (Harvard)-Studie untersucht seit 78 Jahren „Wie gelingt ein glückliches Leben?"
Hier einige Beispiele/Erkenntnisse aus der Grant-Studie [21]:

- Gute Beziehungen machen uns glücklicher und gesünder.
- Jeder macht schwierige Situationen durch. Entscheidend für ein glückliches Leben ist, wie man damit umgeht.
- Eine gewisse Ordnung der Umgebung und der Umstände gehört zum Glück … und natürlich Menschen, die einen lieben und die man liebt.
- Es gibt zwei grundlegende Elemente für ein glückliches Leben: Das eine ist die Liebe. Das andere, einen Lebensweg zu finden, der die Liebe nicht vertreibt.

Gerade die letzte Erkenntnis ist ein ganz wunderbarer Impuls, der zum Nachdenken über das eigene Leben anregt. Schreiben Sie hier spontan auf, was Sie in Ihrem Leben trägt. Was möchten Sie pflegen und wovon möchten Sie sich verabschieden?
Ihre persönlichen Beispiele:

_____

_____

_____

_____

_____

© Springer Fachmedien Wiesbaden GmbH, ein Teil von Springer Nature 2019
B. Kanisch, *LebensErfolg,* essentials,
https://doi.org/10.1007/978-3-658-24974-8_3

3.2   Selbstwertgefühl und Selbstsabotage

Selbstreflexion ist ein sehr hilfreicher Erkenntnispfad. Nach dem Notieren Ihrer eigenen Beispiele kommen Sie gerade ins Nachdenken – das ist super!

Sicher haben Sie auch Beispiele aufgeführt, wo Sie etwas verändern möchten. Na dann los! Behutsam & wertschätzend – mit sich und anderen und mit dem neu gewonnenen Mut! Es lohnt sich. Sie tun somit Ihrem Selbstwertgefühl auch etwas Gutes. Denn: Wenn die Veränderung ein Spiegel einer inneren Veränderung (und nicht aufgesetzt) ist, zeigt die Veränderung auch eine Wirkung: in der Körpersprache und Ausstrahlung. Und wir hatten ja bereits die Frage: Wie möchten Sie wahrgenommen werden? Es liegt in Ihrer Hand! Jetzt stolpern Sie vielleicht bei Ihren ersten Änderungsversuchen, weil Ihr Selbstwertgefühl noch nicht da ist, wo Sie es gern hätten. Ein alter Bewohner kann Ihre Selbstsabotage sein. Ursächlich kann mangelnde Anerkennung in der Kindheit sein oder Ihr Partner macht Sie glauben, dass…. Es ist Zeit, dass Sie erwachsen und selbstverantwortlich durchs Leben gehen und handeln. Wo kommt Ihr „Ich kann das nicht…" her? Was tragen Sie dazu bei? Was wollen Sie ändern? Wo wollen Sie genauer hinschauen? Was sind Ihre „Baustellen"?

Mögliche Beispiele:

- Viele alte Kränkungen haben ihre Spur hinterlassen
- Sie trauen sich manches nicht zu aufgrund Ihrer Selbstzweifel
- Sie vernachlässigen Ihre „alten" Hobbys
- Sie nehmen andere wichtiger als sich
- Wem geben Sie so viel Macht über sich?
- Wer hat die Verantwortung für Ihr Leben?

„Nehmen Sie das Ruder für Ihr Leben selbst in die Hand!" (ein von mir viel genutztes Zitat aus dem Buch „Die Entscheidung liegt bei Dir" [19]).

Ich lade Sie ein zu Mut und Kommunikation: Reden Sie mit Ihren Lieben, Vertrauten, Kollegen, wenn Sie etwas ändern möchten! Trauen Sie sich!

_____

_____

_____

_____

3.3   Der Blick nach vorn

Die Vergangenheit können Sie nicht ändern. Richten Sie Ihren Blick nach vorn aus. Es hilft für das Leben im JETZT und morgen:

Ich gebe die Hoffnung auf eine bessere Vergangenheit auf.

Es ist Ihre Chance – probieren Sie es: Nicht hadern, sondern versöhnen, verzeihen, … Manchmal braucht es dafür professionelle Unterstützung – dann gönnen Sie sich diese! Sie sind es sich wert, alten Ballast loszulassen und Ihr Leben zu leben. Ich sage nicht, dass es einfach ist. Ich sage, dass es sich lohnt. So geben Sie Ihre Energie wieder frei für Neues und schaffen Raum in sich, auch Neues zuzulassen.

Ja, es gibt es: Ein erfülltes Leben trotz unerfüllter Träume.

Ich lade Sie ein, weg von „Hätte ich doch…" hin zu „Ich werde…".

Bevor ich darüber nachdenke, Verantwortung für andere zu übernehmen, schaffe ich in meinem Leben Klarheit, damit meine Energie ungestört fließen kann. Was gehört dazu?

Als erstes mein Umgang mit mir. Stellen Sie sich noch einmal die Fragen:

- Welche Beziehung haben Sie zu sich?
- Wie gehen Sie mit sich um?
- Was denken Sie über sich? Ja! Welches Selbstbild haben Sie? Das strahlen Sie auch aus.
- Dies ist der Spiegel, wie Sie auch von anderen wahrgenommen werden.

Der Konjunktiv hilft allerdings beim Fragen: Was wäre, wenn…

Führen Sie diese Frage für sich zu Ende, so oft Sie mögen. Sie ist eine wunderbare Anregung, auf die Fantasiereise für die Zukunft zu gehen und unterstützt Sie in Ihrem Blick nach vorn.

Klarheit

Wissen Sie, was Sie wollen? Innere und äußere Ordnung bedingen einander. Führen Sie ein chaotisches Leben? Wünschen Sie sich Änderung? Wenn ja: Sie haben es in der Hand! Ein möglicher Schritt ist der Blick in das eigene Zuhause. Wie schaut es da aus? Gönnen Sie sich z. B. keine Putzfrau, weil Sie das Chaos gar nicht bewältigt kriegen und niemandem zumuten können, darin zu arbeiten? Unordnung lenkt Sie von der Fokussierung auf Ihre Ziele ab. Ihre Gedanken werden immer zu Unerledigtem hingezogen und Ihre Energie fließt nicht. Die Putzfrau würde Sie übrigens auch zeitlich entlasten: mehr Zeit für Sport und das Schnippeln von Gemüse und das Verfolgen Ihrer Ziele! Sind das nicht Aussichten? In der Abb. 3.1 „Beeinflussung durch innere und äußere Ordnung" gilt das Feld „Ihre Themen" als Platzhalter für Ihre Ergänzungen: Welche Themen, ja auch Beziehungen, könnten innere und äußere Ordnung noch beeinflussen? Manchmal betrifft es auch die Partnerschaft.

Im Feng Shui werden im Haus, in der Wohnung, im Zimmer die Bereiche bestimmten Themen zugeordnet: z. B. den Finanzen, der Partnerschaft, der Karriere, etc. Sind diese Bereiche nicht aufgeräumt, spiegelt sich dies auch entsprechend in den Lebensbereichen wider. Eine grafische Darstellung finden Sie in der Abb. 3.2 „Feng Shui Bagua".

Einen Versuch ist es wert: Wenn Sie etwas ändern wollen: Entrümpeln Sie, räumen Sie auf und Sie werden selbst spüren, wie eine andere Energie durch Ihr Zuhause fließt, Sie sich wohler fühlen und Sie positive Veränderungen wahrnehmen. Als Starthilfe empfehle ich Ihnen z. B. zwei Bücher: Karen Kingston „Feng Shui gegen das Gerümpel des Alltags" [22] und Nadja Nollau „Feng Shui – Du bist, wie Du wohnst" [23]. Auch wenn Sie nicht an Feng Shui glauben, so wirkt sich Ordnung bzw. Unordnung in bestimmten Bereichen in Ihrem Zuhause auf bestimmte Bereiche in Ihrem Leben aus. Fühlen Sie sich in Ihrem Zuhause wohl? Entspricht es Ihren Vorstellungen? Wenn Nein, warum nicht? Mit wem müssen Sie reden, um dies zu ändern? Das Zuhause ist ein Spiegel Ihrer Selbst? Wie sehr schätzen Sie sich wert?

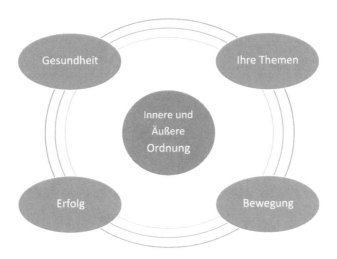

Abb. 3.1 Beeinflussung durch innere und äußere Ordnung, Beate Kanisch

Abb. 3.2 Feng Shui Bagua [22]

Reichtum	Ruhm	Partnerschaft
Familie	Tai-Chi / Gesundheit	Kinder
Wissen	Karriere	Hilfreiche Familie

Grundsätzlich gilt: Wir brauchen weniger als wir haben. Grundsätzlich gilt auch hier, wenn ich Altes loslasse, schaffe ich Platz für Neues, für Veränderungen in meinem Leben! Ordnung hilft, sich auf Dinge besser zu fokussieren, die Ihnen wichtig sind. Unordnung sorgt unweigerlich für Zerstreuung und hindert Sie somit in der Folge an Ihrem Erfolg.

Wenn Sie einen Lebenspartner haben, lassen Sie die Finger von seinen Sachen!

Zu Chaos eine Anmerkung: In kreativen Prozessen ist es nachweislich auch hilfreich. Nur glaube ich nicht, dass wir unser gesamtes Zuhause immer und ständig einem kreativen Prozess unterziehen wollen.

Erfolgreiche Beziehung mit mir führen – wie geht das?

4

Der Schlüssel aller Beziehungen liegt in der Beziehung, die sie mit sich selbst führen. Was können Sie tun, um Ihre Beziehung zu sich selbst erfolgreicher zu gestalten? Mehr Lebensfreude zu haben?

- eine positive Haltung sich selbst gegenüber
- Selbstliebe
- Respekt!
- und immer wieder die eigene Einstellung sich selbst gegenüber überprüfen

Anbei ein paar anregende Fragen für Sie.

Schreiben Sie Ihre spontanen Antworten direkt zu den Fragen, dann haben Sie festgehalten, woran Sie arbeiten möchten, was Sie ändern möchten. Und bleiben Sie ehrlich zu sich selbst! Das ist IHR Arbeitsbuch, niemand anderes liest es. Die ehrliche Beantwortung hilft Ihnen, sich selbst auf die Spur zu kommen: Ihren Bedürfnissen und Ihren Bremsern.

Was tun Sie für Ihre Lebensqualität? Hier sind wir bei Ihren Werten. Was ist für Sie Lebensqualität? Welche Werte sind Ihnen wichtig? Wenn materielle Werte im Vordergrund stehen, dann sind Sie bereit, einen Preis dafür zu zahlen. Also noch einmal die Frage: Was tun Sie für Ihre Lebensqualität?

© Springer Fachmedien Wiesbaden GmbH, ein Teil von Springer Nature 2019
B. Kanisch, *LebensErfolg,* essentials,
https://doi.org/10.1007/978-3-658-24974-8_4

Was vermissen Sie?

_____

_____

_____

_____

_____

Warum holen Sie dies nicht in Ihr Leben? Was hindert Sie?

_____

_____

_____

_____

_____

Was glauben Sie, wie innere und äußere Ordnung einander bedingen?

_____

_____

_____

_____

_____

Welche Themen, ganz konkret, wollen Sie in Ihrem Leben ändern?

_____

_____

_____

_____

_____

Was hindert Sie, ganz unmissverständlich, es anzugehen?

_____

_____

_____

_____

_____

Was braucht es, damit Sie sich in Ihrem Leben wohlfühlen?

_____

_____

_____

_____

_____

Haben Sie klare Ziele? Als Anregung zu den Zielen: Das Buch „5 Dinge, die Sterbende am meisten bereuen" [1]. Vielleicht sind Ihnen nach der Lektüre Ihre Ziele klarer.

_____

_____

_____

_____

_____

Welche Ziele haben Sie? Jetzt schreiben Sie sie hoffentlich hier auf. Ein anderer Gedanke ist: Das Geschriebene bleibt (anders als digital): Hier lohnt es sich noch einmal, über Ihr persönliches Notizbuch nachzudenken, was Sie dann immer bei sich haben.

_____

_____

_____

_____

_____

Verfolgen Sie diese konsequent?

_____

_____

_____

_____

_____

Wenn NEIN, was hindert Sie daran? Was sind also Ihre inneren und äußeren Bremser? Was macht Ihnen Angst? Was hält Sie zurück?

_____

_____

_____

_____

Sorgen Sie gut für sich? Beispiele helfen: Geben Sie sich wenigstens eines, wo es Ihnen gut gelingt und eines, wo Sie unzufrieden sind, wo Sie sich über sich ärgern.

_____

_____

_____

_____

Erlauben Sie mir eine Vermutung: Es gelingt Ihnen manchmal nicht, nach sich zu schauen, wenn es mit einem „Nein" gegenüber jemand anderem verbunden ist. Das führt Sie zu Ihrer Haltung: Wie wichtig nehmen Sie sich? Und wie wichtig nehmen Sie die Interessen, Bitten anderer Menschen? Dass wir sie ernst nehmen, ist richtig. Wir dürfen allerdings auch Lösungen finden, bei denen wir nicht auf der Strecke bleiben. Ein „Ja" gegenüber einem anderen kann auch heißen: Ja sehr gern, jetzt habe ich keine Zeit. Lass uns in den Kalender schauen, wann wir uns um Dein Thema kümmern.

Das Wort „Kümmern" hat eine große Bedeutung. Nur wenn wir uns um uns kümmern, haben wir eine gute Energie, anderen zu helfen. Ein Beispiel, dass wir alle kennen, finde ich so treffend: Wir fliegen in den Urlaub und zu Beginn werden wir in die Sicherheitsvorkehrungen eingewiesen. Es heißt immer: Setzen Sie zuerst sich die Atemschutzmaske auf und helfen dann Kindern usw. Das ist doch eingängig. Und so können Sie es auf Ihr Leben übertragen. Kümmern Sie sich auch um Ihre Themen: zeitnah. Das hilft Ihnen in Ihrer Energiebalance. Das hält Ihren Kopf frei. Und wenn Sie im Leben sich Ziele gesetzt haben, erreichen Sie sie ja auch nur, wenn Sie sich kümmern, Teilschritte umsetzen, um das Ziel zu erreichen.

Oder ein anderes Beispiel: Lassen Sie mich noch einmal auf Feng Shui in Bezug auf Finanzen eingehen: Sicher ist es hilfreich, wenn Sie den Bereich Reichtum sortiert und aufgeräumt halten. ABER: Wenn Sie dann z. B. wieder Ihre Rechnungen nicht pünktlich überweisen, schleicht sich wieder der „Schlendrian" ein, weil Sie sich nicht gekümmert haben. Und es gibt keinen Grund dafür – Sie nehmen sich Chancen für ein entspannteres Leben. Rechnungen bezahlen macht ja normalerweise keine Freude. Und wie wäre es, wenn Sie es einmal so sehen: Ich bin stolz darauf, dass ich das Geld habe und meine Rechnungen sofort begleichen kann. Dauert wenige Minuten und die Ablage der Rechnung gleich anschließend: Entweder in den Steuerordner oder in den Ablageordner, wo sie hingehört. Und wenn Sie sie nicht aufheben wollen/müssen: wegschmeißen: Sofort! Und leeren Sie regelmäßig Ihren Papierkorb: Auf dem Rechner und im Büro. Alter Müll müllt zu!

Dies ist ein wunderbarer Übergang zum Thema Finanzen.

Wird gern verdrängt: Erfolgreich mit Geld umgehen

Wenn wir über die Beziehung mit uns selbst reden, darf der Umgang mit Geld nicht fehlen: Über Finanzen wird nicht gern gesprochen.

Meine erste Frage zu Abb. 5.1 „Worum sich Deutsche sorgen": Gehören Sie zur Gruppe der oben Befragten und haben Angst vor Armut? Welches Verhältnis haben Sie zu Ihrem Geld? Ja, Sie haben richtig gelesen! Welches Verhältnis? Welche Beziehung? Die Frage stellt sich: Weil so, wie Ihre Einstellung zu Geld und Wohlstand ist, so sehen auch Ihre Finanzen aus. Ein Beispiel: Wenn im Elternhaus immer (von Ihren Vorbildern, den Eltern) erzählt wurde, dass die da oben viel zu viel verdienen und sie so sehr kämpfen müssen und Geld etwas Schlechtes ist, dann werden Sie das verinnerlichen. Daher lade ich Sie ein: überprüfen Sie Ihre ganz persönliche Einstellung zu Geld. Es ist ein Werkzeug, um sich das Leben zu ermöglichen, dass Sie sich wünschen. Also gehen Sie gut damit um. Räumen Sie Ihre Finanzen auf. Sorgen Sie für eine ordentliche Ablage. Machen Sie Ihre Steuererklärung pünktlich: Sie bekommen sicher etwas zurückerstattet. Darum ist es nicht zu verstehen, dass manche Menschen Zwangsgeld zahlen, weil sie es nicht machen (da steht wieder die Beziehung zum eigenen Geld dahinter). Und ehrlich: Warum zusätzliche Kosten erzeugen? Sie können sich ja mal ausrechnen, wie viel Zeit sie arbeiten, um das Geld an das Finanzamt zu zahlen, das nicht notwendig wäre…

Wie gesagt: Zahlen Sie Ihre Rechnungen direkt! Erfreuen Sie sich daran, dass Sie es sich leisten können, Ihre Rechnungen zu bezahlen.

Wie viel Geld sparen Sie im Monat? Sparen Sie überhaupt einen festen Betrag? 20 % Ihres Nettoeinkommens sollte es sein. Warum? Weil Sie die Verantwortung für Ihre finanzielle Situation haben. Nicht nur heute, sondern auch für morgen und übermorgen!

© Springer Fachmedien Wiesbaden GmbH, ein Teil von Springer Nature 2019
B. Kanisch, *LebensErfolg,* essentials,
https://doi.org/10.1007/978-3-658-24974-8_5

Themen, die den Befragten am meisten Sorgen bereiten

Armut und soziale Ungerechtigkeit — 43%
Kriminalität und Gewalt — 38%
Terrorismus — 38%
Einwanderungskontrolle — 32%
Zunahme des Extremismus — 29%
Moralischer Verfall — 19%
Klimawandel — 13%
Bildung — 12%
Steuern — 11%
Gefährdung der Umwelt — 11%

Basis: 1.007 Befragte in Deutschland (16–64 Jahre), Mai 2017
Quelle: Ipsos

stern statista

Abb. 5.1 Worum sich Deutsche sorgen [24]

Fangen wir an: Wie hoch sind Ihre monatlichen Fixkosten und wie viel Geld geben Sie für Konsum aus: Wissen Sie es? Brauchen Sie das alles wirklich? Kleiner Ausflug zurück zu Ordnung in Zusammenhang mit Ihrem Konsumverhalten: Wann haben Sie das letzte Mal Ihren Kleiderschrank aufgeräumt/ausgemistet? Immer wenn Sie ein neues Teil kaufen, sollte dafür ein altes Teil den Schrank verlassen.

Zurück zu den Finanzen: Verschaffen Sie sich Transparenz über Ihre Ausgaben, sodass Sie Klarheit über Ihre finanzielle Situation gewinnen und entsprechend handeln. Mögliche Wege sind, sich einmal aufzuschreiben, wie hoch die monatlichen Fixkosten sind, wie viel Sie für Konsum ausgeben und wie viel Sie sparen. Haushaltsbücher gibt's viele digital und kostenlos im Internet und in Papierform auch bei Ihrer Bank. Ja, es macht Mühe, alles aufzuschreiben. Entscheidend ist, aufgrund Ihres Datenmaterials dann auch (gern im Familienrat) zu besprechen, was wollen und was müssen wir ändern. Hierbei wird sicher zuerst eine Wertediskussion beginnen, was ist wem warum wichtig. Und das ist auch gut so. Eine Diskussion über Ihre Werte in Ihrer Familie kann Sie nur bereichern. Sind Sie in Ihrer Haltung Vorbild für Ihre Kinder? Wenn Sie in einer Beziehung leben: Führen Sie auch finanziell eine Beziehung auf Augenhöhe? Wer entscheidet über die Ausgaben? Welche Argumente zählen in Ihren Entscheidungsprozessen? Manchmal kommt es vor, dass Geld das Vehikel ist, um viel tiefer liegenden Themen Ausdruck zu verleihen. Wir haben schließlich schon in der Schule gelernt „Wer die wirtschaftliche Macht hat, hat auch die politische Macht". Das kann im Mikrokosmos Familie auch möglich sein. Es kann ein Machtinstrument sein. Wenn Sie es nicht schaffen, auf einen Nenner zu kommen, Einigung herbeizuführen, gipfelt das gern in einen Streit und erzeugt mindestens bei einem Partner Unzufriedenheit. Gern fühlt sich jemand ungerecht behandelt, auch weil er sich nicht durchgesetzt hat, ggfs. der andere besser argumentiert hat etc… Und das Ergebnis einer Allensbach-Studie im Auftrag der Postbank bestätigt leider: 41 % der Paare streiten häufig über Geld [25]. Dies bestätigt die Abb. 5.2. „Worüber Paare am meisten streiten".

Und manchmal eskalieren die Konflikte zum Thema Geld, dass sie ein maßgeblicher Faktor bei der Trennung von Paaren sind, wie Abb. 5.3 „Bis das Geld uns scheidet" sehr gut verdeutlicht.

Abb. 5.2   Worüber Paare am meisten streiten [25]

Abb. 5.3   Bis dass das Geld uns scheidet [26]

*Zudem zeigt eine Sonderauswertung nach Milieuzugehörigkeit, dass auch in die-
sem Jahr fast alle neuen Überschuldungsfälle aus der „Mitte der Gesellschaft"
stammen (4,38 Millionen; +69.000 Fälle) – die Zahl der Überschuldungsfälle aus
den „gehobeneren Schichten" (1,76 Millionen; – 3.000 Fälle) hat in diesem Jahr
ebenso wie in den „unteren Schichten" (Prekäre: 0,77 Millionen; – 1.000 Fälle)
leicht abgenommen. Alles in allem ist ein dauerhafter und nachhaltiger Rückgang
der Überschuldung in Deutschland weiterhin unwahrscheinlich. Für viele Ver-
braucher in Deutschland bleibt die Überschuldungsampel auch in näherer Zukunft
auf „rot".*

Die Abb. 5.5 „Zwei Hauptüberschuldungsgründe 2008 bis 2016 im Vergleich:
Die Entwicklung von Arbeitslosigkeit und „unwirtschaftlicher Haushaltsführung"
nach Statistischem Bundesamt". Diese Grafik aus dem Schuldneratlas 2017 der
Creditreform zeigt u. a. die Verschuldung aufgrund von Arbeitslosigkeit und
„unwirtschaftlicher Haushaltsführung" [29].

Wenn Sie also nicht arbeitslos sind, haben Sie gute Chancen, mit einer
wirtschaftlichen Haushaltsführung finanziell entspannt zu leben. Wichtig ist, Sie
finden Ihren maßvollen Weg. Mir geht es nicht darum, dass Sie sich reich sparen

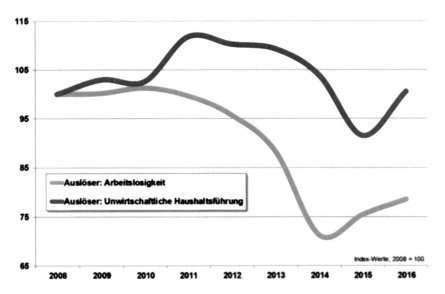

Abb. 5.5 Zwei Hauptüberschuldungsgründe 2008 bis 2016 im Vergleich: Die Entwicklung
von Arbeitslosigkeit und „unwirtschaftlicher Haushaltsführung" nach Statistischem Bundesamt [30]

und nichts mehr gönnen sollen. Mir geht es um einen verantwortlichen Umgang mit Geld. Das ist jeder Erwachsene sich selbst schuldig. Altersarmut ist auch in Deutschland ein Begriff.

Laut einer Forsa-Studie von 2016 zu Ängsten haben Menschen sehr starke Angst vor dem sozialen Abstieg [31]. Ich will hier keine Schwarzmalerei betreiben. Allerdings kann übermäßiger Konsum, bei dem Sie den Überblick über Ihre Finanzen verloren haben, massive Konsequenzen haben. Sie haben sicher auch schon von Zwangsversteigerungen gehört. Konkrete Schritte vereinbaren und umsetzen – das kann ein Weg sein. Die Frage ist ja immer „Welchen Preis bin ich bereit wofür zu zahlen". Ich kann nicht umhin, Dr. Reinhard K. Sprenger zu zitieren [19].

Eine Idee mag ich so sehr, dass ich Sie direkt mit Ihnen teilen möchte: Machen Sie doch einmal einen Monat eine Kauf-Diät! Ich sage Ihnen, das ist nicht leicht. Ich lese gern und viel, also kaufe ich mir auch gern Bücher. Und es gibt auch ein Regal, in dem noch die Ungelesenen stehen. Das hindert mich aber nicht, Bücher zu kaufen, die mich brennend interessieren. Also mache ich ab und an eine Buch-Kauf-Diät. Sie wissen selbst, welcher Bereich Ihr Schwachpunkt ist. Genau da lohnt es sich, es einmal auszuprobieren.

Und auch hier gilt: Erst ein Buch raus, bevor ein neues ins Haus darf. Und da Sie sich weiterentwickeln, verändert sich auch der Inhalt Ihres Bücherregals. 1 bis 2 Mal im Jahr können Sie ruhig mit dem Wäschekorb bewaffnet das Regal nach Büchern durchforsten, die nicht mehr zu Ihnen passen. Wenn Sie sie nicht wegwerfen wollen, wissen Sie, dass Sie diese z. B. an momox.de verkaufen können. Sie können sie auch bei Ihrer örtlichen Bibliothek abgeben. Dann fällt Ihnen das Loslassen vielleicht leichter. Sie könnten sich ein bestimmtes Buch ja jederzeit wieder ausleihen.

Noch ein Beispiel zu den Finanzen: Wissen Sie, wie Sie den Erfolg dem Zufall überlassen? Verstehen Sie mich nicht falsch! Ich gönne es jedem! Nur der Lottogewinn hat nichts mit guter finanzieller Planung zu tun. Wenn Sie mögen, rechnen Sie mal aus: Wie lange spielen Sie schon Lotto und wie viel Geld geben Sie monatlich dafür aus? … ich höre schon auf.

Nun noch ein Wort zu Finanzen und Frauen oder besser Frauen und IHRE Finanzen. Ein interessanter und auch erschreckender Fakt ist in diesem Zusammenhang, dass laut einer Postbank Studie jede 4. Frau NICHT vorsorgt [32].

Folgender Auszug aus der Pressemitteilung der Postbank [32]:

Wer sich in Deutschland auf einer Party unbeliebt machen will, muss laut Postbank nur eines tun: Über Geldanlage reden. Die Bundesbürger begegnen Finanzthemen mit gemischten Gefühlen, so eine Umfrage des Finanzdienstleisters. Doch diese Unlust könne teuer werden.

Grundlagen des Wirtschaftssystems, Vermögensaufbau und Altersvorsorge: Noch nicht einmal die Hälfte der Befragten (48 %) schätzt ihr Wissen zu diesen Themen als ausreichend ein. 16 % attestieren sich selbst sogar mangelhafte Kenntnisse und sieben Prozent der Deutschen geben zu, dass bei ihnen keinerlei Finanzwissen vorhanden ist. Besonders groß sei der Aufholbedarf dabei unter jungen Menschen von 16 bis 29 Jahren und bei Frauen. „Ökonomisches Grundwissen ist aber sehr wichtig, damit man seine eigenen Finanzen sinnvoll verwalten kann", sagt Helma Eckhardt von der Postbank. Sonst passiert, was Millionen deutsche Sparer derzeit erleben: Die gesamten Ersparnisse dämmern auf einem kärglich verzinsten Spar- oder Tagesgeldkonto vor sich hin und verlieren Jahr für Jahr an Wert, weil die Verzinsung nicht einmal die Inflation ausgleicht. Im schlimmeren Fall investieren schlecht informierte Anleger ihr Geld in Finanzprodukte, deren Risiken sie nicht überschauen können. „Angesichts drohender Rentenlücken wächst zudem die individuelle Verantwortung für die finanzielle Vorsorge. Wer heute nicht über ein Mindestmaß an Finanzwissen verfügt, ist diesen Herausforderungen nicht gewachsen und trifft vielleicht falsche Entscheidungen", warnt die Postbank-Expertin. Doch es hapert offenbar nicht nur am Wissen, sondern auch am Interesse. „Kenntnisse über Finanzen müssen bereits im Elternhaus und in der Schule vermittelt werden", so Eckhardt. „Und zwar nicht abstrakt, sondern praxisnah, interessant und alltagstauglich".

Haben Sie persönlich als Frau eigene Finanzen? Haben Sie eine klare Übersicht über Ihr Sparvermögen, Ihre Altersvorsorge? In welcher Lebenssituation befinden Sie sich? Sind Sie glücklich verheiratet und haben Kinder? Dann wünsche ich Ihnen selbstverständlich von Herzen, das das Glück bei Ihnen bleibt. Auch wenn die Altersarmut nicht unter den Top 3 Ängsten liegt, so hat sie doch einen Platz bei den Deutschen. Angst erwächst oft aus Unsicherheit und diese entsteht gern bei Frauen und Männern, wenn „man" keinen Überblick hat. Wissen Sie, von welcher Rente Sie einmal leben werden? Ich wiederhole die Frage von oben: Dieses Mal mit dem Fokus ganz auf Sie als Frau gerichtet. Denn: sollte sich die Lebenssituation wider Erwarten massiv ändern und Sie auf eigenen finanziellen Füßen stehen „müssen", ist es richtig und wichtig, sich professionelle Beratung für die eigene finanzielle Planung zu gönnen, dazu zählt ein Rentenberater, eine Finanzberaterin. Ja, ich wähle bewusst die weibliche Form, weil es mittlerweile Finanzberaterinnen gibt, die sich speziell auf das weibliche Klientel und seine spezifischen Fragestellungen ausgerichtet haben. An dieser Stelle zwei Buchempfehlungen: „Vermögensplanung und Altersvorsorge für Frauen: Finanz-Knowhow und praktische Lösungen" von Constanze Hintze [33] und „Reich in Rente – wie Frauen finanziell am besten vorsorgen" von Helma Sick und Renate Fritz [34].

Wissen Sie, mit wie viel Geld Sie im Rentenalter einmal rechnen können? Ja, mit einer staatlichen Rente – nein, wir wissen nicht, wie hoch sie sein wird. Ggfs. mit einer Betriebsrente – abhängig vom Arbeitgeber. Reicht das wirklich? Entscheidend ist, wie *Sie* für diese Lebensphase vorsorgen! Schön ist, wenn aus Ihrer Vorsorge eine *Vorfreude* wird. Sie werden hoffentlich gesund sein und Zeit für viele schöne Dinge haben, z. B. Reisen. Das heißt, Sie haben viel mehr Zeit, um Geld auszugeben. Es ist naiv und zu optimistisch zu glauben „im Alter brauche ich ja nicht mehr viel"… Sorgen Sie gut vor, damit Sie finanziell entspannt im Jetzt leben und mit großer *Vorfreude* entspannt auf diese dritte Lebensphase schauen können.

Erfolgreiche Beziehungen führen – so geht das!

6

Nachdem Sie sich den Luxus gegönnt haben damit zu beginnen, über sich zu reflektieren, haben Sie selbst gemerkt, dass immer auch Gedanken zu Ihren Mitmenschen eingeflossen sind. Darum widmen wir uns jetzt der wunderschönen Aufgabe: Erfolgreich die Beziehung mit Ihrem Lebenspartner führen.

In welcher Haltung gehen Sie auf Ihren Partner zu? Was für Sie gilt, gilt auch für Ihren Umgang mit anderen Menschen.

Am Anfang steht Ihre Haltung. Welche Haltung haben Sie zu Ihrem Partner, Ihrer Partnerin? Mal ganz ehrlich! Ist Ihre Haltung immer von Respekt getragen? Gehen Sie grundsätzlich in einer positiven Einstellung auf Ihren Partner zu? Es ist hoch spannend, sich selbst zu beobachten: Es lohnt sich, die eigene Sichtweise gegenüber der Partnerschaft immer wieder zu überprüfen. Und Sie sind ja jetzt schon geübt in der Reflexion und haben gemerkt, dass es Sie weiterbringt. Probieren Sie bewusst neues Handeln und Verhalten aus und bleiben Sie am Ball!

Ich möchte Ihnen gern zur Anregung einige Fragen mitgeben, ein kleiner Selbsttest:

Was mögen Sie an Ihrem Partner?

_____

_____

_____

_____

_____

© Springer Fachmedien Wiesbaden GmbH, ein Teil von Springer Nature 2019
B. Kanisch, *LebensErfolg,* essentials,
https://doi.org/10.1007/978-3-658-24974-8_6

Was vermissen Sie bei Ihrem Partner, in Ihrer Partnerschaft?

_____

_____

_____

_____

_____

Was geben Sie?

_____

_____

_____

_____

Sprechen Sie Anerkennung und Wertschätzung aus? Ich frage bewusst nicht nach Lob. Hier liegt der Unterschied – Beim Loben kann die Gefahr bestehen, dass wir in die Stagnation kommen, nicht auf Augenhöhe kommunizieren, … aber das ist ein anderes Thema.

Apropos „Was sprechen Sie aus?" Was für eine Kommunikation pflegen Sie miteinander? Sind Sie einverstanden, wie Ihre Partnerin/Ihr Partner mit Ihnen spricht? Falls nicht: Wie sprechen Sie mit Ihrem Partner/Ihrer Partnerin? Ich wiederhole meine Einladung: Probieren Sie neues Verhalten aus und somit auch eine andere Kommunikation. Das ist nicht einfach. Die Beziehung ist gewachsen, Muster haben sich verfestigt – da ändert sich das nicht so einfach – ich habe auch nicht behauptet, dass es einfach ist. Ich behaupte, dass es sich lohnt: für mehr Lebensqualität – für Sie beide und für mehr Lebensfreude! Neben allen Kommunikationskonzepten ist die Basis für gelungene Kommunikation mit-einander die gegenseitige Wertschätzung. Und jetzt frage ich Sie noch einmal: Gehen Sie immer wertschätzend mit sich und Ihrem Partner um? Bei der Frage nach dem Warum höre ich schon die Antwort: macht er/sie ja auch nicht. Da folgt gleich die nächste Frage: Wollen Sie etwas ändern? Dann fangen Sie an!! Wir sprachen ja schon über Vorbild. Ein Beispiel: gern „rutscht" einem heraus: „Du meckerst IMMER". Sie sehen es schon: Pauschal, Vorwurf, Angriff. Wie soll jemand darauf reagieren? Er/sie hat das Gefühl, sich wehren zu müssen. Kein gelungener Start für einen Dialog. In meinem Buch „Für die schönen Momente im Leben" gehe ich auch auf gelingende Kommunikation in der Partnerschaft ein und wie sie funktionieren kann [35].

Lassen Sie uns kurz auf Feedbackregeln eingehen: Die gelten in allen Lebensbereichen, nicht nur im Beruf.

Feedback geben:

1. Finden Sie einen positiven Rahmen. Sprechen Sie wertschätzend!
2. Teilen Sie Ihre Absicht und Erwartungen mit
3. Beschreiben Sie konkret anhand von Beispielen, was Sie beobachtet haben
4. Beschreiben Sie aus der Ich-Perspektive, welche Wirkung die Situation auf Sie hatte
5. Geben Sie Ihrem Gegenüber die Möglichkeit, Verständnisfragen zu stellen
6. Erläutern Sie, was Sie sich für die Zukunft wünschen.
7. Bleiben Sie wertschätzend!

Feedback erhalten:

1. Hören Sie aufmerksam zu
2. Vermeiden Sie es, zu diskutieren, sich zu rechtfertigen
3. Stellen Sie sicher, dass Sie alles richtig verstanden haben (Verständnisfragen)
4. Reflektieren Sie Ihre Entwicklungsmöglichkeiten und daraus resultierende Schritte. Das heißt: Woran wollen Sie wie arbeiten?
5. Zeigen Sie Anerkennung für die Rückmeldung.

Und jetzt noch einmal: Es ist alles eine Frage der Haltung: Es ist ein großes Geschenk, wenn Ihnen jemand Rückmeldung gibt: Weil so haben Sie die Chance, sich weiterzuentwickeln und als Mensch Ihrem Ideal, das Sie sich für sich selbst wünschen, näher zu kommen.

Stellen Sie sich die Frage: Wie empfinde ich es heute, wenn mir jemand eine kritische Rückmeldung gibt? Wie gehe ich damit um? Lust auf Veränderung? Dann ist hier Ihre Chance!!

Ich bin ja in der Haltung mehr für das „Wollen" als das „Müssen": Hier eine Ausnahme: „Du musst DEIN ÄNDERN leben".

Das mit der Wertschätzung für Ihren Partner können Sie auch gut in seiner Abwesenheit „ausprobieren". Wie reden Sie bis dato über Ihren Partner? Ich frage Sie das hier, weil Sie haben ihn ausgewählt – hoffentlich! Wenn sie nicht gut über ihn sprechen, stellen sich viele Fragen: Warum haben Sie ihn gewählt? Was hat sich im Laufe der Jahre verändert, dass es so ist…? Und was ist *Ihr* Beitrag dazu? Sie haben einen! Glauben Sie mir! Sie haben es zugelassen, geduldet, … Also: auf zu neuen Ufern! Eine weitere Übung für Sie: Reden Sie gut über Ihren Partner! Dies gilt auch für Freundschaften!

Zum Erfolg in der Beziehung gehört neben dem wichtigen Freiraum für jeden, dass Sie gemeinsame Erlebnisse und eine von Wertschätzung getragene Kommunikation pflegen.

Ja, das ist auf den ersten Blick alles nicht bequem: Das soll es auch nicht sein. Wenn Sie sich aus der Bequemlichkeit ins Handeln bringen, bringen Sie sich auch aus der Unzufriedenheit ins Handeln und das führt Sie zu Ihrem persönlichen *LebensErfolg.*

Vielleicht hilft es Ihnen, sich einmal in Ihrem persönlichen Notizbuch aufzulisten: Was macht mich unzufrieden in unserer Beziehung? Dem gegenübergestellt: Was ist mein Anteil daran? Was will ich ändern? Wie hätte ich es gern? (also wie ist der Idealzustand?) Was bin ich bereit, dafür zu tun? Und dann auf in die Umsetzung! Sie haben jetzt schon so viel Werkzeug an der Hand, dass ich fest überzeugt bin, dass Ihnen das gelingt. Auch wenn aller Anfang schwer ist: Sie trauen sich, weil Sie ein Ziel vor Augen habe, für das es sich lohnt, neue Wege im Miteinander zu gehen.

Manchmal höre ich auch, dass eine gewisse Unzufriedenheit aufkommt, weil der andere sich etwas „gönnt", ich meine damit nicht Materielles, sondern z. B. die Stunde Sport am Morgen oder am Abend. Die Gefühle, die dabei hochkommen (z. B. Neid, Wut, …), kann der andere dann gar nicht einordnen und weiß gar nicht, wo sie herkommen. Wenn Sie es nicht sagen, woher soll der andere wissen, dass sie das vielleicht sogar wütend macht, weil Sie das Gefühl haben, es bleibt mehr von den Pflichten bei Ihnen und weniger Zeit für Sie selbst. Wo kommt es her? Sind das alte Glaubenssätze, dass Sie nicht so gut mit sich umgehen, wie es andere schaffen? Sich selbst auf die Spur kommen ist ein lebenslanger Prozess – hier ist ein Ansatz dafür. Neid kann hier auch zwei Facetten haben: Zum einen kann ich neidisch sein und mich selbst bedauern, dass ich das nicht mache. Zum anderen kann der Neid auch ein Ansporn sein, den eigenen Ehrgeiz wecken, das Zeitfenster für sich zu finden. Sie haben die Wahl! Wenn Sie diese Situation kennen, wie steuern Sie dagegen? Es fällt einem wesentlich leichter, dem anderen seine „Zeit zu gönnen", wenn man selbst auch gut zu sich ist und sich Zeit für etwas gönnt, was man nur für sich macht. Auf den ersten Blick ist es allerdings NUR für Sie. Denn in der Konsequenz haben Sie mehr Lebensfreude und sind ausgeglichener, wenn Sie sich auch „Ihre Zeit gönnen". Davon haben dann alle in Ihrem Umfeld etwas.

Wie gesagt, das gilt auch für Freundschaften. Auch diese haben Sie selbst gewählt. Und unter uns Erwachsenen: Übereinander reden, schlecht reden, ist kindisch, oder? Sie haben die Alternative: das Miteinander reden: Wenn's schwierig wird, nehmen Sie sich die Feedback-Regeln zur Hand und eine Extra-Portion Mut und los geht's.

Die Frage ist: Wovor haben Sie Angst? Vor dem Konflikt? Vor der Reaktion des Partners/Freundes? Es gibt nichts zu verlieren – nur zu gewinnen!.

Und noch eine Inspiration zur Kommunikation. Auf welchem Ohr hören Sie?

Der Psychologe Friedemann Schulz von Thun hat das in seinem Modell sehr gut erklärt, welches Sie in der Abb. 6.1 „Kommunikationsmodell" dargestellt finden:

Das Kommunikationsquadrat ist das bekannteste Modell von Friedemann Schulz von Thun und inzwischen auch über die Grenzen Deutschlands hinaus verbreitet. Bekannt geworden ist dieses Modell auch als „Vier-Ohren-Modell" oder „Nachrichtenquadrat".

Wenn ich als Mensch etwas von mir gebe, bin ich auf vierfache Weise wirksam. Jede meiner Äußerungen enthält, ob ich will oder nicht, vier Botschaften gleichzeitig:

- *eine Sachinformation (worüber ich informiere) –* **blau**
- *eine Selbstkundgabe (was ich von mir zu erkennen gebe) –* **grün,**
- *einen Beziehungshinweis (was ich von dir halte und wie ich zu dir stehe) –* **gelb,**
- *einen Appell (was ich bei dir erreichen möchte) –* **rot.**

Ausgehend von dieser Erkenntnis hat Schulz von Thun 1981 die vier Seiten einer Äußerung als Quadrat dargestellt. Die Äußerung entstammt dabei den „vier Schnäbeln" des Senders und trifft auf die „vier Ohren" des Empfängers. Sowohl Sender als auch Empfänger sind für die Qualität der Kommunikation verantwortlich, wobei die unmissverständliche Kommunikation der Idealfall ist und nicht die Regel.

Die vier Ebenen der Kommunikation [37].

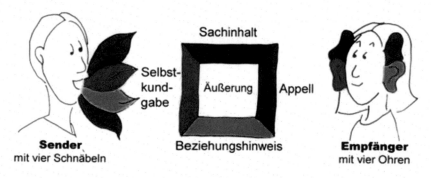

Abb. 6.1 Kommunikationsmodell [36]

*Auf der **Sachebene** des Gesprächs steht die Sachinformation im Vordergrund, hier geht es um Daten, Fakten und Sachverhalte. Dabei gelten drei Kriterien:*

- *wahr oder unwahr (zutreffend/nicht zutreffend)*
- *relevant oder irrelevant (sind die aufgeführten Sachverhalte für das anstehende Thema von Belang/nicht von Belang?)*
- *hinlänglich oder unzureichend (sind die angeführten Sachhinweise für das Thema ausreichend, oder muss vieles andere zusätzlich bedacht werden?)*

Die Herausforderung für den Sender besteht auf der Sachebene darin, die Sachverhalte klar und verständlich auszudrücken. Der Empfänger kann auf dem Sachohr entsprechend der drei Kriterien reagieren.

*Für die **Selbstkundgabe** gilt: Wenn jemand etwas von sich gibt, gibt er auch etwas von sich. Jede Äußerung enthält gewollt oder unfreiwillig eine Kostprobe der Persönlichkeit – der Gefühle, Werte, Eigenarten und Bedürfnisse. Dies kann explizit („Ich-Botschaft") oder implizit geschehen.*

Während der Sender mit dem Selbstkundgabe-Schnabel implizit oder explizit, bewusst oder unbewusst, Informationen über sich preisgibt, nimmt der Empfänger diese mit dem Selbstkundgabe-Ohr auf: Was ist das für einer? Wie ist er gestimmt? Was ist mit ihm? usw.

*Auf der **Beziehungsseite** gebe ich zu erkennen, wie ich zum Anderen stehe und was ich von ihm halte. Diese Beziehungshinweise werden durch Formulierung, Tonfall, Mimik und Gestik vermittelt.*

Der Sender transportiert diese Hinweise implizit oder explizit. Der Empfänger fühlt sich durch die auf dem Beziehungsohr eingehenden Informationen wertgeschätzt oder abgelehnt, missachtet oder geachtet, respektiert oder gedemütigt.

*Die Einflussnahme auf den Empfänger geschieht auf der **Appellseite**. Wenn jemand das Wort ergreift, möchte er in aller Regel etwas erreichen. Er äußert Wünsche, Appelle, Ratschläge oder Handlungsanweisungen.*

Die Appelle werden offen oder verdeckt gesandt. Mit dem Appell-Ohr fragt sich der Empfänger: Was soll ich jetzt (nicht) machen, denken oder fühlen?

Bei all der Kommunikation: welche Gefühle schaffen im Hintergrund bei Ihnen mit?

Ganz spontan: Notieren Sie Ihre:

_____

_____

_____

_____

_____

Auf Neid bin ich ja bereits eingegangen.

So wie wir beim Stress auf die Achtsamkeit sich selbst gegenüber eingegangen sind, hat es jede Beziehung verdient, dass gegenseitige Achtsamkeit neben Respekt einen festen Platz hat. Das fällt einem auch dann leicht, wenn man mit sich selbst gut umgeht.

Privat- und Berufsleben

Täglich ein wenig mehr vermischen sich Privat- und Berufsleben, werden immer mehr miteinander verwoben – sicher auch unterschiedlich und abhängig von Beruf und Branche. Ein klarer Fakt gilt für alle: Läuft im Privatleben alles gut, habe ich den Kopf für den Job frei (Vielleicht haben Sie in dieser Lektüre Impulse gefunden, Dinge in Ordnung zu bringen?). Habe ich private Sorgen und möchte ich, dass es niemand im beruflichen Umfeld merkt, weil ich nicht darüber reden möchte, dann ist das ein eindeutiger Energiefresser. Sorgen sind nicht immer so leicht aus der Welt zu schaffen. Bleiben Sie hartnäckig bei der „Auflösung Ihrer Baustellen".

Wenn es Ihnen und Ihren Lieben gut geht, dann können Sie im Beruf ganz Besonderes leisten, weil Sie keine Sorgen belasten. Das ist eine solide Basis.

Umgekehrt verhält es sich auch ganz klar: Wer im Job unzufrieden ist, wird es auf lange Sicht nicht aufrechterhalten können, immer super gut gelaunt im Privatleben aufzutreten. Seien Sie ehrlich: zu sich und den anderen: Kümmern Sie sich um Ihre Themen. Packen Sie an, was zu ändern, zu klären, zu besprechen ist. Tun Sie etwas!

Ein guter Mutmacher für „am Ball bleiben" und Entscheidungen treffen kann Ihnen auch das Buch „Hudson River – Die Kunst, schwere Entscheidungen zu treffen" von Peter Brandl [38] sein. Als Pilot weiß er, wo der Unterschied zwischen einer Katastrophe und einer Krise liegt. Und oft genug steuern wir sehenden Auges in die sich anbahnenden Krisen hinein: Privat und beruflich.

Hier seine kurze und Leselust machende Beschreibung zu diesem so augenöffnenden Buch:

> *Für jeden Autokauf nimmt sich der Deutsche im Durchschnitt 20 Stunden Zeit. Die wirklich wichtigen Entscheidungen im Leben jedoch werden gerne auf morgen, übermorgen und letztlich den Sankt-Nimmerleinstag verschoben. Unter Durchhalte-Parolen schleppt man sich jahrelang auf die verhasste Arbeitsstelle, geht Konflikten zähneknirschend aus dem Weg oder hält eine Partnerschaft am Leben, die eh schon längst nicht mehr zu retten ist.*

© Springer Fachmedien Wiesbaden GmbH, ein Teil von Springer Nature 2019
B. Kanisch, *LebensErfolg*, essentials,
https://doi.org/10.1007/978-3-658-24974-8_7

Wer um schwere Entscheidungen einen Bogen macht, gibt das Steuer aus der Hand. Statt selbst zu entscheiden, entscheiden die Umstände oder andere. Im besten Fall landet man dann am falschen Ziel, im schlimmsten in einer Katastrophe. Beruflich wie privat.

Das Buch zeigt, wie man in den wichtigen Momenten des Lebens sein eigener Pilot bleibt. Denn nur, wer die Verantwortung für sein Leben nicht an den Tower abgibt, wird wie „Sully" Sullenberger nach einem Ausfall beider Triebwerke seinen Airbus A320 sicher im Hudson River vor New York notwassern können – statt über Manhattan abzustürzen. Ein lebendig geschriebener und packender Befreiungs-schlag in Richtung Selbstbestimmung und Erfüllung mit starken Beispielen aus der Welt der Fliegerei.

Abschluss: Ein Leben in Fülle – in innerer Fülle

8

Wir sind uns einig darüber, das Geld nicht glücklich macht. Ein vernünftiger Umgang mit Geld ist ein wichtiger Baustein, der Sie entlastet. Wenn Sie Ihre Finanzen geregelt haben, maßvollen Umgang pflegen, sich keine Sorgen um Schulden machen müssen, dann werden Sie viel mehr Energie für andere Dinge in Ihrem Leben haben und auch insgesamt mehr Lebensfreude haben.

Es wird Ihnen leichter fallen, Ihren Werten entsprechend zu leben und wenn Sie Kinder haben, denen auch ein Vorbild zu sein.

Ein Zitat von Mahatma Ghandi finde ich in diesem Zusammenhang besonders passend: „Reich wird man erst durch die Dinge, die man nicht begehrt" [39].

Und die Frage ist ja immer: Was im Leben wirklich zählt. Es sind die Beziehungen zu den Menschen, die uns tief im Herzen berühren. Wir schöpfen Kraft aus gelingenden Beziehungen und dass wir mit unseren Werten in Einklang leben.

Laut Befragung im Auftrag des Allensbach Instituts sagen 79 % der Deutschen, dass ihnen die Familie das Wichtigste ist [40]. Leben wir auch danach? Sicher manchmal mehr, manchmal weniger. Oft nehmen sich Menschen vor, sich im Urlaub ganz viel Zeit für die Lieben zu nehmen und sagen das auch. Zwei Anmerkungen dazu: Erstens brauchen Sie auch Zeit für sich und zweitens ist Vorsicht geboten, zu große Erwartungen zu wecken, die Sie nachher nicht erfüllen wollen oder können. Darum muss doch die Frage lauten: Wie schaffe ich es, täglich nah an meinen Werten zu leben?

In seiner Schrift zu Dankbarkeit geht H. Willberg auf die Bedeutung, den Sinn, die Notwendigkeit und die philosophischen Ansätze ein [41]. Für mich war die Lektüre eine inspirierende Freude. So bilden aus meiner Sicht Selbstverantwortung, Disziplin und Dankbarkeit einen erstrebenswerten Dreiklang.

© Springer Fachmedien Wiesbaden GmbH, ein Teil von Springer Nature 2019
B. Kanisch, *LebensErfolg,* essentials,
https://doi.org/10.1007/978-3-658-24974-8_8

Wie steht es um Ihre Dankbarkeit? Wofür sind Sie heute dankbar?

_____

_____

_____

_____

_____

Was schreiben Sie heute in Ihr Erfolgstagebuch?

_____

_____

_____

_____

_____

„Erfolgreich zu sein setzt zwei Dinge voraus: Klare Ziele und den brennenden Wunsch, sie zu erreichen" Johann Wolfgang von Goethe [42].

Laut Platon, Apologie des Sokrates 29d-e, ist die Seele die moralische Instanz in uns: „Schämst du dich nicht, für Geld zwar zu sorgen, wie du davon am meisten erlangst, und für Ruhm und Ehre; für Einsicht aber und Wahrheit und für deine Seele, dass sie sich aufs Beste befinde, sorgst du nicht, und daran willst du nicht denken?" [43].

Wir können viel von alten Philosophen und Dichtern lernen. Doch am meisten lernen wir aus den eigenen Erfahrungen. Somit freuen Sie sich an den Fehlern, die Sie machen. Frei nach Nelson Mandela: „Ich verliere nie. Entweder ich gewinne oder ich lerne" [44].

Was Sie aus diesem *essential* mitnehmen können

Mit diesem essential hat Beate Kanisch Sie idealerweise ermutigt, neue Handlungsoptionen auszuprobieren. Durch die aufgeführten Beispiele und die Beantwortung der unterschiedlichen Fragen in verschiedenen Lebensbereichen fühlen Sie sich beim Erkennen und dem Einsatz Ihrer Stärken an der richtigen Stelle für privaten und beruflichen Erfolg unterstützt. Sie haben wieder Lust auf mehr Eigenverantwortung bekommen. Ja, Sie wollen das Ruder für Ihr Leben wieder mehr in die Hand nehmen. Sie werden es ausprobieren wollen: maßvolle PR in eigener Sache ist ein nicht zu unterschätzender Erfolgsfaktor.

Sie wussten es schon vorher und fühlen sich nun bestätigt, dass das eigenverantwortliche Handeln entscheidend für Ihren ganz persönlichen LebensErfolg ist.

© Springer Fachmedien Wiesbaden GmbH, ein Teil von Springer Nature 2019
B. Kanisch, *LebensErfolg,* essentials,
https://doi.org/10.1007/978-3-658-24974-8

Literatur

1. Ware, Bronnie: 5 Dinge, die Sterbende am meisten bereuen, Goldmann Verlag (20. April 2015), München
2. Angstindex 2017: So entwickeln sich die Ängste der Deutschen Quelle: R+V Infocenter, Wiesbaden, 24.08.2017, 26. R+V-Studie „Die Ängste der Deutschen" Langzeitstudie unter Leitung von Prof. Dr. Manfred G. Schmidt vom Institut für Politische Wissenschaft der Universität Heidelberg im Auftrag der R+V.
4. Dr. Korn, Oliver & Dr. Sebastian Rudolf: Sorgenlos und grübelfrei: Wie der Ausstieg aus der Grübelfalle gelingt. Selbsthilfe und Therapiebegleitung mit Metakognitiver Therapie. Mit Online-Material. Beltz; Auflage: Originalausgabe, 2., korrigierte (15. August 2017), Weinheim
5. Wüst, Hans Werner: Zitate und Sprichwörter, gebundene Ausgabe, 2010, Bassermann Verlag, München
6. Schulz von Thun, Friedemann: Miteinander reden 1: Störungen und Klärungen: Allgemeine Psychologie der Kommunikation, Rowohlt Taschenbuch; Auflage: 48 (April 2010), Reinbek bei Hamburg
7. Ford, Henry: „Misserfolg: die Chance, es beim nächsten Mal besser zu machen". Heinz Welling: Nicht schlecht – Plädoyer für einen zielgerichteten Sprachgebrauch, S.82., BoD – Books on Demand, 2010
8. Maslow, Abraham H.: Motivation und Persönlichkeit, Rowohlt Taschenbuch; Auflage: 15. (1. Februar 1981), Reinbek bei Hamburg
9. Techniker Krankenkasse, Deutschland; Forsa; 2016; 1.200 Befragte; ab 18 Jahre; Statista 2018
10. Dr. Weaver, Libby: Das Rushing Woman Syndrom – Was Dauerstress unserer Gesundheit antut. TRIAS; Auflage: 1 (26. April 2017), Stuttgart
11. Deloitte: Das Smartphone (fast) immer im Blick, Statista 2018
12. eMarketer: Digital zieht 2017 an TV vorbei, Statista 2018
13. AOK: Deutsche Kinder konsumieren zu viel Medien, Statista 2018
14. Statista: Gegenüberstellung der tatsächlichen und empfohlenen Schlafdauer
15. Wikipedia Routine: Diese Seite wurde zuletzt am 21. Dezember 2017 um 22:11 Uhr bearbeitet. Ritual: Diese Seite wurde zuletzt am 18. Juli 2018 um 10:12 Uhr bearbeitet.

© Springer Fachmedien Wiesbaden GmbH, ein Teil von Springer Nature 2019
B. Kanisch, *LebensErfolg,* essentials,
https://doi.org/10.1007/978-3-658-24974-8

16. Knaths, Marion: Spiele mit der Macht: Wie Frauen sich durchsetzen. Piper Taschenbuch (1. Februar 2009), München
17. Knight, Sarah: Not Sorry – Vergeuden Sie Ihr Leben nicht mit Leuten und Dingen, auf die Sie keine Lust haben. Ullstein Taschenbuch; Auflage: 2. (13. Oktober 2017), Berlin
18. Von Münchhausen, Marco: Wo die Seele auftankt – die besten Möglichkeiten, Ihre Ressourcen zu aktivieren. Goldmann Verlag (14. August 2006), München
19. Dr. Sprenger, Reinhard: Die Entscheidung liegt bei Dir. Campus, 2001, Frankfurt am Main
20. Goethe "Wenn Du allein spazieren gehst, kommst Du mit vielen Gedanken wieder", Genieße, was das Glück dir gönnt: Goldene Worte von J.W. von Goethe. Coppenrath; Auflage: 1 (1. August 2016), Münster
21. Vaillant, George Eman: Triumphs of Experience: The Men of the Harvard Grant Study. Belknap Press (1643), 04.05.2012, Cambridge, MA 02138, USA
22. Kingston, Karen: Feng Shui gegen das Gerümpel des Alltags. Rowohlt Taschenbuch; Auflage: 8. Auflage, Erweiterte Neuausgabe (1. Oktober 2014), Reinbek bei Hamburg
23. Nollau, Nadja: Feng Shui – Du bist, wie Du wohnst. Knaur TB (1. Januar 2009), München
24. Quelle: Marktforschungsstudie der Ispos SA 2017, 1007 Befragte: Worum sich Deutsche sorgen, Statista
25. Allensbach-Studie im Auftrag der Postbank https://www.welt.de/wirtschaft/gallery137247678/Deswegen-streiten-Paare-am-haeufigsten.html
26. Deutschland; Forsa; 28. November – 7. Dezember 2017; 1.229 Befragte; ab 14 Jahre; deutsche Bevölkerung, **Quelle:** Rabobank (RaboDirect). Statista 2017
27. Studie von RetailMeNot.de April 2016: http://www.retailmenot.de/studien/geld-liebe-beziehung
28. Allensbach-Umfrage: Die Generation Mitte 2018, beauftrag von der GDV – die Versicherer, 19.09.2018, https://www.gdv.de/resource/blob/35800/976845c78eb-98f501a1487eeb3907079/generation-mitte-2018-praesentation-ifd-data.pdf
29. Schuldner Atlas 2017 (S. 61/62), Verantwortlich für den Inhalt: Creditreform Wirtschaftsforschung, Michael Bretz, Hellersbergstr. 12, 41460 Neuss
30. Statistisches Bundesamt, Statistik zur Überschuldung privater Personen 2008 bis 2016 (erschienen 2009: 31.01.2011; 2010: 06.09.2012; 2011: 17.01.2013; 2012: 25.06.2013; 2013: 30.06.2014; 2014: 29.06.2015; 2015: 01.07.2016; 2016: 29.06.2017). Indexierte Werte: 2008 = 100.
31. Forsa-Studie „09.12.2016 – Die *Deutschen* fürchten sich vor dem sozialen Abstieg, schweren Krankheiten und Terror." https://www.wiwo.de/erfolg/...aengste-der-deutschen-im-privatleben/14959166.html
32. Postbank-Studie: Über Geld spricht man nicht, 03.06.2015 14:06, Pressemitteilung Postbank
33. Hintze, Constanze: Vermögensplanung und Altersvorsorge für Frauen: Finanz-Knowhow und praktische Lösungen. Kösel-Verlag (23. Mai 2011), München
34. Sick, Helma; Fritz, Renata: Reich in Rente – wie Frauen finanziell am besten vorsorgen. Diana Verlag (14. April 2014), München
35. Kanisch, Beate: Für die schönen Momente im Leben. (war ein BoD Book bei Novum Verlag in Österreich. Suche bis zum Erscheinen des Buches aktuell gerade neuen Verlag)

36. Schulz von Thun, Friedemann: Kommunikationsmodell. GRIN Publishing; Auflage: 1. (12. April 2016), München https://www.schulz-von-thun.de/die-modelle/das-kommunikationsquadrat
37. Schulz von Thun, Friedemann: Kommunikationsmodell. GRIN Publishing; Auflage: 1. (12. April 2016), München https://www.schulz-von-thun.de/die-modelle/das-kommunikationsquadrat
38. Brandl, Peter: Hudson River – Die Kunst, schwere Entscheidungen zu treffen. GABAL; Auflage: 3. (29. Juli 2013), Offenbach am Main
39. Diekmann, Samuel: Systemkritik des Meisters: Die verschwiegenen Verse: Was Christus an unserer Ökonomie, Ökologie und Sozialethik zu kritisieren hätte. Books on Demand; Auflage: 1 (22. November 2012), S. 157 https://www.zitate-online.de/sprueche/historische-personen/16988/reich-wird-man-erst-durch-dinge-die-man-nicht-begehrt.html
40. Familienreport 2017 des Bundesministeriums für Familie, Senioren, Frauen und Jugend, Kapitel 1, Seite 11, IfD Allensbach (2016): Familie 2030. Allensbacher Archiv: IfD-Umfrage 11058
41. Willberg, Hans-Arved.: Dankbarkeit. Grundprinzip der Menschlichkeit – Kraftquelle für ein gesundes Leben, https://doi.org/10.1007/978-3-662-54927-8_1© Springer-Verlag GmbH Deutschland 2018, Berlin
42. Hettl, Matthias: Mitarbeiterführung mit dem LEAD-Navigator®: Erfolgreich und wirksam führen. Springer Gabler; Auflage: 2013 (15. Oktober 2013), S. 66, Wiesbaden
43. Ferber, Rafael: Apologie des Sokrates. C.H.Beck; Auflage: 1 (19. September 2011), Taschenbuch, München
44. Mandela, Nelson: Authorised Book of Quotations von Nelson Mandela. Macmillan; Auflage: Unabridged ed (7. Oktober 2011), London, UK